17 Ostsee-Radfernweg
19 Rügen-Rundtour
0
25 km
s e e
Kap
Arkona
Dranske
Altenkirchen
Glowe
Königsstuhl
Kloster
Hidden-
see
Trent
Sagard
Sassnitz
Ummanz
Kluis
E251
Rügen
Zingst
Bock
Z i n g s t
Gingst
Bergen
Binz
Sellin
Kubitzer
Bodden
Grabow
E22
196
Barth
Altefähr
96
Putbus
Göhren
Löbnitz
Stralsund
Vilm
Garz
Thiessow
105
Steinhagen
Zudar
Richtenberg
Reinberg
Greifswalder
Bodden
Ruden
Franzburg
Peenemünde
Pommersche
Usedom
Grimmen
Greifswald
Mölschow
Zinnowitz
Bucht
Tribsees
Wolgast
Koserow
Krummin
109
111
20
Bansin
Heringsdorf
Gnoien
Loitz
Karlsburg
Swine-
münde
Gützkow
Mellenthin
Ahlbeck
Jarmen
110
Dargun
Usedom
Stolpe
Demmin
Neetzow
Anklam
Mönchow
Stettiner
Haff
POLEN
Kummerower
See
Ueckermünde
194
Spantekow
Ducherow
Malchin
Ivenack
Altentreptow
197
Eggesin
Reuterstadt
Stavenhagen
Friedland
Torgelow
Kittendorf
Jatznick
108
104
Neubrandenburg
Waren
Tollense-
see

Die Autoren:

Ute und Peter Freier leben in Süddeutschland am Rand der Schwäbischen Alb. Sie veröffentlichten ca. 35 Wander-, Radwander- und Reiseführer.

Trotz größter Sorgfalt bei Recherche und Zusammenstellung der Touren in diesem Buch können die Autoren und der Verlag für die Angaben keine Gewähr übernehmen.
Auf jeden Fall freuen wir uns über Korrekturen, Anregungen und Verbesserungen zu diesem Freizeitführer. Bitte senden Sie diese an: STÖPPEL FreizeitMedien GmbH, Mandichostr. 18, 86504 Merching.

Bildnachweis:
Alle Bilder vom Autor

Bibliografische Information der Deutschen Bibliothek
Die Deutsche Bibliothek verzeichnet diese Publikation in der Deutschen Nationalbibliografie, detaillierte bibliografische Daten sind im Internet unter http://ddb.de abrufbar.

www.stoeppel.de

Redaktion, Layout und Herstellung:
Der Buch*macher*, Arthur Lenner, München
Karten: Computerkartographie Carrle, München
Umschlaggestaltung: Uhlig/www.coverdesign.net
Druck: EOS, St. Ottilien
Printed in Germany

ISBN 3-89987-400-5

Inhaltsverzeichnis

Die Touren

Stöppel Freizeitführer 400

Ute und Peter Freier

RADWANDERN
Ostsee

Der Ostsee-Radweg von Travemünde bis Ahlbeck plus 16 Tagesrundtouren und Rügen-Radtour

STÖPPEL
FreizeitMedien

Tourenübersicht

Einführung

Der Name Mecklenburg-Vorpommern ist jedermann bekannt, und dass dieses Bundesland an die Ostsee grenzt, wohl ebenfalls. Weniger bekannt aber dürfte sein, dass die mecklenburgisch-vorpommersche Ostseeküste, ganz grob mit dem Lineal auf der Karte gemessen, ca. 400 km lang ist, dass die exakt vermessene Küstenlinie einschließlich der Inseln Rügen und Usedom mehr als 1700 km lang ist. Dies bedeutet aber nicht, dass 1700 km Sandstrand auf Sonnenhungrige warten – alle mecklenburgisch-vorpommerschen Strände zusammen ergeben eine Länge von „nur" etwa 300 km!

Und hier soll sofort ergänzt werden: Die Meinung, „deutsche Küste heißt Regen, Sturm und Kälte", ist völlig falsch, denn die Zahl der Sonnenstunden an der Ostseeküste gehört zu den höchsten im ganzen Bundesgebiet. Im Jahr 2002 beispielweise schien in Deutschland die Sonne auf der Insel Hiddensee am häufigsten.

So verwundert es nicht zu erfahren, dass schon das Jahr 1793 als „Geburtsjahr des Ostsee-Badens" betrachtet wird. Damals fuhr die Hofgesellschaft des mecklenburgischen Herzogs auf Anraten seines Leibarztes von der Sommerresidenz Doberan an den Strand, um durch Meerwasser-Bäder etwas für die Gesundheit zu tun. Einige Jahre später ließ der Herzog an dieser Stelle ein Gebäude-Ensemble im klassizistischen Stil erbauen: Heiligendamm, heute ein mondänes Seebad mit dem Grand Hotel Kempinski (Tour 5).

In höchsten Adelskreisen sprach sich diese revolutionäre Neuerung – Baden im Meer – rasch herum. Erster Nachahmer war Graf Wilhelm Malte zu Putbus (Rügen), der das alte Putbus abreißen und als „weiße Stadt" von Grund auf neu erbauen ließ, einschließlich eines Badehauses am Ufer des Rügischen Boddens (Tour 13). 50 Jahre später, seit der Mitte des 19. Jahrhunderts, gab es in einigen Küstendörfern, vor allem auf Usedom, bescheidene Versuche von Bauern und Fischern, Gäste bei sich unterzubringen. So richtig los ging es aber erst 1870/75, in der so genannten „Gründerzeit". Angehörige des Hochadels, Bankiers und Großindustrielle, einfach alles, was Rang und Namen im Deutschen Reich hatte, baute prachtvolle Villen. Der Bauboom entlang der Küste machte armselige Fischer- und Bauerndörfer durch neoklassizistische Prachtbauten und Jugendstil-Villen

Touren-Symbole

Streckenlänge, Dauer der Tour

Startpunkt, Ausgangsort

Parkplätze mit kurzer Beschreibung der Anfahrt

Anreise mit öffentlichen Verkehrsmitteln

Streckeninformation/Wegbeschaffenheit

Inline-Tipps

Einkehrmöglichkeiten

Badegelegenheit

Öffnungszeiten des Ausflugsziels, gesamte Wegstrecke oder die Zeit, die für die Tour einkalkuliert werden muss

Adresse mit Telefonnummern und weiteren Informationen

Kartenlegende

Sehenswürdigkeit	Einkehr
Kirche, Kapelle	Parkplatz
Burg, Schloß	Bahnhof
Ruine	Jugendherberge, Camping
Museum	Aussichtspunkt
Bademöglichkeit	

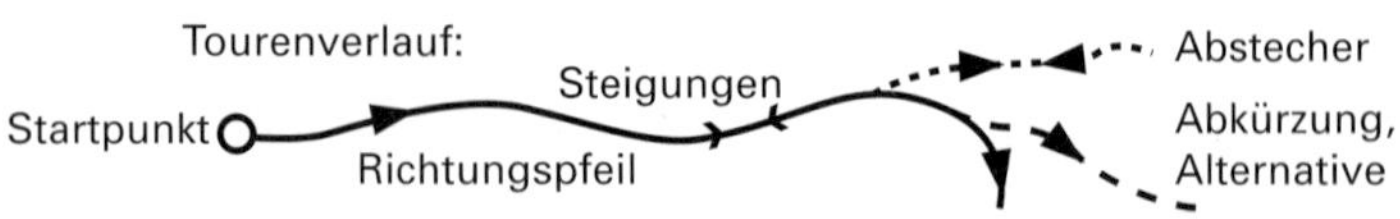

innerhalb weniger Jahre zu Zentren der feinen Gesellschaft, beispielsweise Kühlungsborn bei Bad Doberan (Tour 5) oder auf Usedom die Orte Zinnowitz, Bansin, Heringsdorf (Tourvorschlag 18 f). Das Seebad Swinemünde (Tour 16) wurde neben der alten Stadt Swinemünde zwar schon um 1820 eigens als Seebad geplant und angelegt, aber die meisten Villen entstanden erst in der Gründerzeit.

Seit etwa 1900 folgte eine zweite Welle von Baufieber: Das wohlhabende Bürgertum nahm sich ein Beispiel am Blut- und Geldadel und erfüllte sich Ferienhaus-Träume in kitschigen Stilmischungen, die heutzutage als eigene Architekur-Kategorie gelten: die Bäderarchitektur. Beispiele hierfür sind überall zu finden, am ausgeprägtesten in Binz auf Rügen. Seit dem 1. Weltkrieg entdeckten auch Intellektuelle die Ostseeküste. Ahrenshoop auf dem Fischland wurde ein Dorf von Malern und hat diese „Künstlerdorf"-Tradition bis heute bewahrt (Tour 7). Gerhart Hauptmann, der Literatur-Nobelpreisträger, erwarb auf der Insel Hiddensee ein Haus, das zum Treffpunkt von Künstlern und Wissenschaftlern wurde (Tour 10). Seit 1936 setzte der Nationalsozialismus auch im Ostsee-Badeleben ein Zeichen: Prora entstand, dieses kasernenartige „Ferienheim", in Architektur umgesetzter Größenwahn (Rügen-Rundtour). Auch DDR-Funktionäre hinterließen ihren nicht zu übersehenden Stempel: In Heringsdorf wurden nahe der Seebrücke zwei vielgeschossige Plattenbauten hochgezogen, die nun, trotz Renovierung und verschönernder Fassadenveränderung, als „zementierter Stilbruch" über die Villen herrschen.

Der Piekberg auf Rügen, der höchste Punkt an der gesamten Ostseeküste, ragt unauffällige 161 m hoch auf (Tour 12). Man könnte nun die Landschaft als langweilig abtun, da sie ja nahezu flach, nur sanft gewellt ist. Diesen Eindruck scheinen die riesigen Felder zu bestätigen, die in der DDR durch radikale Flurbereinigungen für die Bearbeitung mit Großmaschinen durch die Landwirtschaftlichen Produktionsgenossenschaften entstanden sind. Sieht man sich aber aufmerksam um, so wird man rasch feststellen, dass die Landschaft trotz dieser „Agrar-Wüsten" alles andere als eintönig und langweilig ist.

Der Küstenbereich bietet Dünen-Landschaften wie auf Zingst (Tour 9) und bei Ahrenshoop auf dem Fischland (Touren 7 und 8), Steilküsten wie z. B. bei Boltenhagen (Tour 2) und auf Rügen, sowohl am Kap Arkona (Tour 11), als auch am Königsstuhl, wo sich die Aussichtplattform in über 100 m Höhe an der Kante der Kreidefelsen befindet (Tour 12); urwaldartige Forste, die teilweise zu Nationalparks erklärt wurden wie der Darsser Wald (Tour 8) und die Stubnitz auf der Insel Rügen (Tour 12); Heideflächen wie auf der Insel Hiddensee (Tour 10) oder bei Graal-Müritz (Tour 6), wo mittlerweile der Wald die Rostocker Heide weitgehend zurückerobert hat. Es gibt Moorgebiete wie das Ribnitzer Moor (Tour 6) und zahlreiche Bodden, die den Wasservögeln paradiesische Zustände bieten (Touren 7 bis 9).

Das Kurhaus im Seeheilbad Heiligendamm wurde im klassizistischen Stil erbaut.

Bodden sind flache Gewässer, die bis vor wenigen tausend Jahren Teil der Ostsee waren und durch Sand-Anschwemmungen vom offenen Meer weitgehend abgeschnürt wurden. Die Bodden zwischen der Halbinsel Fischland-Darss-Zingst und den Inseln Rügen und Hiddensee wurden zum Nationalpark Vorpommersche Boddenlandschaft erklärt (Touren 8 und 9). Dieser besondere Schutz gilt nicht nur der Landschaft, sondern auch den Wat- und Wasservögeln, die in den ruhigen Gewässern ideale Bedingungen vorfinden. Zudem findet hier zweimal im Jahr ein besonderes Schauspiel statt: Im März/April und im September/Oktober unterbrechen Zehntausende von Kranichen ihren Flug von Skandinavien in den wärmeren Süden und auf ihrem Rückflug.

Unzählige Moore und Feuchtgebiete – Überbleibsel der abgeschmolzenen Eiszeit-Gletscher -, überzogen das ganze Land. Folglich waren Lehm und Reet – Schilfrohr – schon in der Jungsteinzeit kostenlose und leicht zu bearbeitende Baumaterialien, wie im Steinzeitdorf Kussow gezeigt wird (Tour 3). Aber erst, als Lehm zu Ziegeln gepresst und gebrannt wurde, ergab er auch einen witterungsbeständigen Baustoff. Felsklötze, die nur von teuer bezahlten Experten, den Steinmetzen, in die richtigen Formen gemeißelt werden konnten, gab es nicht. Kaum erstaunlich also, dass in Mecklenburg-Vorpommern große Kirchen in rotem Backstein so häufig zu finden sind; Bauen in Mecklenburg war vergleichweise billig. Die Kirchen, die seit dem 12. Jahrhundert im Stil der Gotik erbaut wurden, sind von teilweise beträchtlichen Ausmaßen und dominierende Merkmale der Städte sowie vieler Dörfer. Manche Kirchtürme tragen „Bischofsmützen", d. h. Dächer, die an den Kanten tiefer heruntergezogen sind als an den Turmseiten. Vor allem in den ehemals reichen Hansestädten wie Lübeck (Tour 1), Wismar, Stralsund oder Greifswald (Ostsee-Radweg) wird die Stadt-Silhouette beherrschend geprägt von hohen Kirchtürmen. Besonders groß und auch reich ausgestattet sind St. Marien in Lübeck und die Nikolaikirchen in Stralsund und Greifswald. Die zahlreichen Nikolaikirchen sind übrigens kein Zufall: Nikolaus von Myra, im Jahr 350 n. Chr. in Kleinasien gestorben, soll der Legende zufolge drei Pilger aus Seenot errettet haben und wird als Schutzpatron der Seeleute verehrt.

Megalithgrab aus der Steinzeit, ein so genannter Dolmen, bei Rerik.

Auch Klöster wie in Bad Doberan (Tour 5), prächtige Rathäuser und Heilig-Geist-Hospize wie in Lübeck, bürgerliche Stadthäuser mit und ohne Stufengiebel, reetgedeckte Bauernhöfe, beispielsweise im Freilichtmuseum Klockenhagen (Tour 6), und kleine Katen, Fischer- und Kapitänshäuser (Touren 7, 8, 13 und 14), sind in Backstein erbaut.

Die ersten Nachweise von Sesshaftigkeit, von bäuerlicher Lebensweise, stammen aus der Zeit um 3000 v. Chr. und sind Großsteingräber, im Volksmund als „Hünengräber" bezeichnet. Man glaubte, nur Riesen seien in der Lage gewesen, solch große Steine kreisförmig, in Form eines Boot-Grundrisses oder als Dolmen – auf senkrechten Steinen liegt eine Deckplatte – anzuordnen. Auf Großsteingräber stößt man in Mecklenburg-Vorpommern überall, u. a. im Everstorfer Forst (Tour 3), auf Rügen südlich des Kap Arkona (Tour 11) und zwischen Putbus und dem Seebad Baabe (Tour 13).

Verlässliche schriftliche Angaben für die Zeit zwischen dem 3. Jhdt. v. Chr. und dem 2. Jhdt. n. Chr. liefern römische Chronisten. Vermutlich war der im Mittelmeerraum heiß begehrte Bernstein (Tour 6) der Grund dafür, dass sich Römer für dieses weit entfernte Barbarenland interessierten. Aber auch in den folgenden Jahrhunderten war Bernstein immer hoch geschätzt. So ließ z. B. um das Jahr 1700 der preußische König Friedrich I. das „Petersburger Bernsteinzimmer" in Ribnitz-Damgarten herstellen (Tour 6).

Den aus Südskandinavien eingewanderten germanischen Stämmen der Goten und Burgunder, Wandalen und Rugier diente das Land als „Zwischenstation" für wenige Jahrhunderte, ehe sie in der Zeit der Völkerwanderung (4.–6. Jhdt. n. Chr.) weiterzogen. Nun besiedelten slawische Stämme aus Osteuropa das Land zwischen Elbe und Oder, errichteten Burgen und gründeten städtische Siedlungen. Zeugen ihrer Kultur sind allgegenwärtig, am auffälligsten aber in Ortsnamen. Die Endungen -ow, -in oder -itz in Ortsnamen bezeugen eine slawische Siedlung. Mächtige Wallanlagen wie der „Pöppendorfer Ringwall" bei Travemünde (Tour 1), auf Rügen die „Jaromarsburg" (Tour 11) und die Anlage in Garz (Rügen-Rundtour, 4. Tag) oder die „Schwedenschanze" bei Mellenthin auf Usedom (Tour 15) und bei Grabungen gefundene Münzen aus dem Mittelmeerraum beweisen, dass slawische Stämme „internationale" Handelsbeziehungen pflegten. Spannende Information zur sagenumwobenen, verschwundenen Stadt Vineta, die von zuverlässigen Chronisten im 10. und 11. Jahrhundert als „größte Stadt Europas“ beschrieben wird, bietet das Vineta-Museum in Barth (Tourvorschlag 18 d).

Seit der Mitte des 12. Jhdts. überzog der welfische Herzog Heinrich der Löwe das Land mit Krieg, unterwarf die slawischen Fürsten und rief deutsche Siedler ins Land. Dies war der Beginn der „Ostkolonisation“; ein verharmlosender Begriff, denn es handelte sich keineswegs um eine friedliche Besiedlung menschenleeren Landes, sondern um die Unterwerfung und gewaltsame Christianisierung der Slawen. Zahllose deutsche Siedlungen entstanden, Klöster wie Doberan (Tour 5) oder Eldena bei Greifswald (Ostsee-Radweg) wurden gegründet, Wälder gerodet, Feuchtgebiete trocken gelegt. Größere Siedlungen, vor allem an Flussmündungen, erhielten das Stadtrecht – u. a. das Recht auf den Bau einer Schutzmauer und das Recht, Märkte abzuhalten – und Steuerprivilegien, was noch mehr Menschen anlockte.

Der rasch zunehmende Warenverkehr über die Ostsee brachte die Händler und Kaufleute in den Städten dazu, sich zusammenzuschließen und gemeinsam für die Sicherheit ihrer Schiffe, der Koggen, und ihrer Handelsniederlassungen rings um die Ostsee zu sorgen. Dieser Verbund einzelner Kaufleute entwickelte sich im 14. Jhdt. zur „Deutschen Hanse“, einem Städtebund, und umfasste schließlich so gut wie alle Städte Norddeutschlands sowie die meisten Städte an der Südküste der Ostsee und an der Küste des heutigen Belgien und Holland. Zahlreiche Handelsniederlassungen, „Kontore“, wurden eröffnet entlang der Küsten, wie z. B. in London und Bergen (Norwegen). Im 16. Jhdt. jedoch verlor die Deutsche Hanse allmählich ihre Bedeutung, und im Jahr 1669 trafen sich in Lübeck die Vertretungen der Hansestädte zu einem letzten „Hansetag“, auf dem das Ende der Hanse verkündet wurde. Die Herausbildung von zentral regierten Territorialstaaten mit festgelegten Grenzen, mit jeweils eigenem Rechts-, Wirtschafts- und Steuersystem und der absolute Machtanspruch der Territorialfürsten über alles und jeden ließen eine staatsübergreifende, „multinationale“ Organisation von Städten nicht mehr zu. Heute weist nur noch der Beiname „Hansestadt“ bei einigen Küstenstädten auf die stolze Vergangenheit hin.

Reetgedeckte Häuser findet man sehr häufig, aber ganze Dörfer mit Reetdach-Häusern haben Seltenheitswert. Gothmund bei Lübeck (Tour 1), Hoben bei Stralsund (Ostsee-Radweg) und auf der Insel Rügen die Dörfer Vitt (Tour 11), Moritzdorf (Tour 13) und Klein Zicker sowie Groß Zicker (Tour 14) sind solche malerischen Dörfer.

Auf die Herrenhäuser des einstigen Landadels, der als „Junker" bezeichneten Großgrundbesitzer – sie hielten übrigens die Landbevölkerung von 1654 bis 1918, dem Ende des 1. Weltkriegs, in Leibeigenschaft, was rechtlich nicht allzu weit entfernt ist von Sklaverei –, stößt man überall. Wirkliche Schlösser dagegen sind selten. Das größte und schönste, Schloss Bothmer, steht bei Klütz (Tour 2), ein Wasserschloss steht bei Mellenthin auf Usedom (Tour 15).

Burgen bzw. Burgruinen aus dem Mittelalter oder Festungen aus der Neuzeit findet man kaum. Burgen waren unnötig, da die wenigen Städte an der Küste sowieso befestigt waren. Eine der wenigen Festungsruinen befindet sich in Kirchdorf auf der Insel Poel (Tour 4).

Wem so viel Natur und Stadt- bzw. Dorfkultur zu viel sein sollte: Entlang der Ostseeküste gibt es zahlreiche interessante Museen und Ausstellungen zu unterschiedlichsten Themen (siehe jeweils bei Öffnungszeiten).

Hinweise zu den Touren:

Wegbeschaffenheit

Im Küstenbereich, vor allem rings um die Ostseebäder, sind viele Straßen, Fahrwege und Fuß-/Radwege mit einem Asphaltbelag versehen oder mit gut befahrbaren Klinkern gepflastert.

Manche Strecken bestehen noch aus altem, abgefahrenem und holprigem Kopfsteinpflaster – eine Tortur für Rad und Wirbelsäule. Solche Abschnitte sind zumeist recht kurz. Eine Ausnahme bildet eine ca. 20 km lange, recht gut befahrbare Kopfsteinpflaster-Allee, die südlich von Stralsund beginnt und kurz vor Greifswald endet (Ostsee-Radfernweg). Zwar vibrieren Rad und Radler bzw. Radlerin, aber die Allee und der Blick auf die Silhouette von Greifswald sind so beeindruckend, dass sämtliche Unannehmlichkeiten aufgewogen werden.

Häufig stößt man auf Wirtschafts- und Fahrwege, die aus großen Betonplatten bestehen oder aber aus zwei Fahrstreifen aus Betonplatten. Die Platten sind oft rissig, die Kanten abgebröckelt, so dass die Fahrt recht bald als unangenehm empfunden wird. Im Text werden solche Wege als Betonplatten-Wege bezeichnet.

Immer wieder auch verläuft der Ostsee-Radweg auf unbefestigten, sandigen Feldwegen, die normalerweise gut zu befahren sind. In den Tourbeschreibungen werden sie als Sand-Kies-Wege bezeichnet.

Lobend hervorzuheben sind die neu angelegten Fuß- und Radwege auf den Küstendeichen oder neben Durchgangsstraßen. Sie sind asphaltiert oder mit Klinkern gepflastert und sehr gut zu befahren.

Das gotische Wulflam-Haus ist eines der prächtigen Giebelhäuser in Stralsund.

- *Sicherheit auf Alleen*
Die zahlreichen zumeist schmalen Alleen bergen, so schön sie auch sind, eine nicht zu unterschätzende Gefahr: An sonnigen Tagen erkennen Autofahrer einen Radler oft erst sehr spät, da das Auge sich an die rasch wechselnden Lichtverhältnisse von Licht – Schatten – Licht – Schatten nicht anpassen kann. Bei bewölktem Himmel wiederum fährt man auf Alleen mit alten Bäumen, deren Kronen die Straße wie ein Dach überdecken, wie in einem Tunnel. Dann wird es dämmerig, so dass Radfahrer kaum auffallen. Daher unsere Empfehlung: Helle, auffällige Kleidung, eventuell ergänzt durch einen Reflektorstreifen.

Radkarten für die Ostseeküste

– Zahlreiche Karten in Maßstäben zwischen 1 : 30.000 und 1 : 75.000 im „nordland Kartenverlag", www.nordland-wanderkarten.de
– Mehrere Kartenblätter, zumeist im Maßstab 1 : 50.000, im „Kompass-Kartenverlag"
– FreizeitKarte, Blätter 2 und 3, im Maßstab 1 : 100.000, im ADAC-Verlag
– 2 Kartenblätter, für die Region Rerik – Kühlungsborn – Bad Doberan und für die Insel Rügen, im Studio Verlag, Lärchenstieg 19, 22850 Norderstedt, www.studioverlag.com

Rechtlicher Hinweis zum Inline skating

Nach dem Gesetz ist in Deutschland, Österreich und der Schweiz das Skaten nur auf Gehwegen oder kombinierten Rad-/Fußwegen erlaubt, und das mit einer Höchstgeschwindigkeit von 7 km/h. Reine Radwege, Straßen und optisch abgetrennte Streifen auf der Straße sind für Skater tabu. In der Praxis jedoch wird das Skaten in allen drei Ländern toleriert, was auch in den Routenvorschlägen Niederschlag findet.
Allerdings können Skater bei einem Unfall, auch wenn er nicht selbst verschuldet ist, zu Schadenersatz herangezogen werden, sofern sie auf nicht erlaubten Wegen oder zu schnell unterwegs waren. Es ist also die Entscheidung jedes Einzelnen, ob er bei dieser Rechtslage die Inline-Tipps ganz oder nur teilweise nachvollzieht.
Schadenersatzansprüche, gleich welcher Art, können Autoren und Verlag nicht übernehmen.
Außerdem: Wer für den Rückweg Bahn, Bus oder Schiff bevorzugt, sollte unbedingt Straßenschuhe mitnehmen, da das Betreten mit Inlinern nicht gestattet ist. Mit einem Laufschuh lässt sich – eingedenk der Rechtslage – das eine oder andere kritische Wegstück überbrücken.

1

Backsteingotik und Reetdach-Häuser: Lübeck – Gothmund – Travemünde

Lübeck, eine „Backsteinstadt", ist eine der schönsten und interessantesten deutschen Städte, trotz der schweren Zerstörungen des 2. Weltkriegs. In einer Frühjahrsnacht des Jahres 1942 erfolgte der Angriff einer Bomberflotte der Alliierten. Der Wiederaufbau erfolgte weitgehend nach historischen Vorgaben, so dass sich das Stadtbild heute nicht allzu sehr vom ursprünglichen Bild unterscheidet. Im Jahr 1987 wurde Lübeck von der UNESCO zum Weltkulturerbe erklärt.

Mitte des 12. Jahrhunderts wurde Lübeck gegründet und sofort mit dem Stadtrecht bedacht. Das Stadtrecht – es beinhaltete u. a. das Marktrecht und das Recht, Wehrmauern zu errichten – und die vom Stadtherrn, dem Welfenherzog Heinrich der Löwe, zugesicherten Privilegien – anfängliche Steuerfreiheit – lockten Kaufleute aus Westfalen, vom Niederrhein und aus den Niederlanden hierher.

Der Aufbau der Stadt erfolgte planmäßig: Auf einer niederen Erhebung an der Mündung des Flusses Wakenitz in die Trave wurden zwei parallel verlaufende Hauptstraßen angelegt, Breite Straße und Königstraße. Die Seitenstraßen der Breiten Straße führen am Westhang zur Trave hinunter; hier lebten überwiegend Kaufmannsfamilien, die das Patriziat, die Oberschicht der Stadt bildeten. Die Seitenstraßen der Königstraße führen am Osthang zum Krähenteich und zum Kanal; hier lebten Handwerker und Gewerbetreibende, wie noch an einigen Straßennamen wie Weberstraße, Fleischhauer- oder Glockengießerstraße zu erkennen ist.

Rasch gewann die Stadt an Bedeutung als wichtigstes Handelszentrum Nordeuropas. Hier liefen Seehandelsrouten zusammen, hier endeten Land-Handelswege. Im 14. Jhdt. übernahm Lübeck die inoffizielle Führung der „Deutschen Hanse" und gelangte zu Reichtum.

Toureninfos

Karte S. 23

km 26 km; eine zusätzliche Umrundung der Altstadt und eine ausführliche Besichtigungstour in Lübeck ist ca. 6 km lang.

START Hansestadt Lübeck (ca. 200 000 Einw.)

P Gebührenfreie Parkplätze entlang der Possehlstraße. Vom Hauptbahnhof in Richtung Altstadt und vor dem Holstentor an einer Ampelkreuzung rechts abbiegen (Wegweiser: Fernverkehr) in die Possehlstraße; nach ca. 800 m gebührenfreie Parkmöglichkeiten entlang der Straße auf Höhe des Stadions.

Das mehrfach um- und ausgebaute Lübecker Rathaus.

Lübeck ist Station an der Bahnlinie Hamburg – Oldenburg.

Eine leichte, abwechslungsreiche, kulturhistorisch interessante Tour: Durch die Altstadt von Lübeck, am Fluss Trave entlang zu dem malerischen Fischerdörfchen Gothmund und über einige kleine Dörfer zur Hafenpromenade des Ostseeheilbads Travemünde. In der Altstadt von Lübeck auf Straßen bzw. Radstreifen an den Straßen, durch Außenbezirke Lübecks auf breitem Radweg neben stark befahrener Ausfallstraße, an der Trave sandiger Fuß- und Radweg; anschließend bis Travemünde überwiegend auf ruhigen Landstraßen, in Lübeck und Travemünde streckenweise Kopfsteinpflaster; mehrere kurze Anstiege.

In Lübeck vom Rand der Altstadt – ab Burgtor bzw. Burgtorbrücke – auf Radweg an der Travemünder Allee ca. 1,5 km weit bis zu derjenigen Ampelkreuzung, wo sich die Straße mehrspurig als B 75 fortsetzt.

In Lübeck zahlreiche Restaurants, Bistros und Cafés, u. a. das berühmte „Marzipan"-Café Niederegger beim Rathaus – in Gothmund Café-Restaurant Fischerklause mit Terrasse – in Travemünde, konzentriert an der Hafenpromenade, zahlreiche Restaurants und Cafés, u. a. eine Filiale des Cafés Niederegger.

In Lübeck ein Freibad am Krähenteich, am südöstlichen Rand der Altstadt, und ein Hallenbad; bei Travemünde an der Lübecker Bucht ein Strandbad und ausgedehnter Sandstrand.

Holstentor, Burgkloster und Kunsthalle St. Annen Museum, April–Sept Di–So 10–17 Uhr, Okt–März Di–So 10–16 Uhr. – Rathaus, Besichtigung Mo–Fr 11, 12 und 15 Uhr. – Buddenbrookhaus, täglich 10–17 Uhr, Führungen Mi und Sa 14 Uhr. – Günter-Grass-Haus, Auskunft unter www.guenter-grass-haus.de. – Dom, täglich 10–18 Uhr. – Kirche St. Marien, täglich 10–18 Uhr. – Kirche St. Jakobi, täglich 10–18 Uhr. – Kirche St. Katharinen, April–Sept Di–So 10–13 und 14–17 Uhr. – Kirche St. Aegidien, Di–Sa 10–16 Uhr. – Kirche St. Petri, März–Sept täglich 9–19 Uhr. – Museum für Figurentheater Frey, täglich 10–18 Uhr. – Heiligen-Geist-Hospiz, täglich, im Sommer 10–17 Uhr, im Winter 10–16 Uhr. – Schifffahrten im Hafen und um die Altstadtinsel, mehrmals täglich, Ablegestelle in der Nähe des Holstentors (Maak-Linie Personenschiffahrt, Tel. 04 51/7 06 38 59). – Rückfahrt per Schiff von Travemünde nach Lübeck, April–Okt 10, 12 und 16 Uhr (Könemann Schifffahrtslinien, Tel. 0451/2 80 16 35).

i Touristinformation, Breite Straße 62, 23552 Lübeck, Tel. 0 18 05/88 22 33; www.luebeck-tourismus.de;

Tourverlauf

In Lübeck kehren wir vom Parkplatz in der Possehlstraße auf dem Radweg rechts an der Straße zurück in Richtung Bahnhof. An der großen Ampelkreuzung befindet sich linker Hand die barocke Puppenbrücke. Wir aber wenden uns nach rechts zum mächtigen, doppeltürmigen Holstentor, überqueren die Trave auf der Holstenbrücke und befinden uns nun auf einer um die Altstadt herumführenden Ringstraße.

Hinweis: In der Altstadt von Lübeck sind die meisten Straßen und Gassen **Einbahnstraßen**. Kleine Schilder zeigen an, ob eine Straße auch gegen die Fahrtrichtung benutzt werden kann. Das Zentrum rings um das Rathaus ist eine sehr lebhafte Fußgängerzone, in der die Räder geschoben werden müssen!

Ein **Vorschlag**: Wer genügend Zeit zur Verfügung hat, sollte sich nach Überqueren der Travebrücke nach rechts wenden und eine vollständige Runde um die Altstadt fahren, um einen Eindruck von der Größe der Stadt zu erhalten und auch, um die (Segel-) Schiffe und Boote auf der Trave zu sehen.

Info

Den Reichtum und die Bedeutung Lübecks im Mittelalter beweisen zahlreiche bemerkenswerte Gebäude: **Salzspeicher** an der Trave, die vom wichtigen und lukrativen Salzhandel mit der „Salzstadt" Lüneburg zeugen; das **Burgkloster,** eine der bedeutendsten Klosteranlagen Norddeutschlands; das trutzige **Burgtor;** prächtige **Bürgerhäuser** mit teilweise höchst kunstvoll gestalteten Haustüren bzw. Portalen und Backsteingiebeln, die je nach ihrer Entstehungszeit im Stil der Gotik oder Renaissance, des Barock oder des Klassizismus gestaltet sind.

Erster Anziehungspunkt aber ist das mächtige **Holstentor**, heute Wahrzeichen der Stadt. Über 3 m stark sind die Mauern dieses im 15. Jahrhundert erbauten Stadttors, in dem die Ausstellung „Die Hanse – Macht des Handels" untergebracht ist. Nicht weniger sehenswert ist das auf dem höchsten Punkt des Altstadthügels stehende **Rathaus** mit seinen Arkaden, der durchbrochenen Schauwand und den Türmchen, sinnigerweise als „Riesen" bezeichnet. Vom ausgeprägten Sinn für die Einhaltung des moralischen Gebots „Eigentum verpflichtet", von Nächstenliebe und Barmherzigkeit zeugt das **Heiligen-Geist-**

Hospital. Ein reicher Kaufmann stiftete dieses Gebäude als Hospiz für kranke Seemänner. In der nahezu 90 m langen Halle mit offenem Dachstuhl wurden später 170 Kämmerchen von jeweils nur wenigen Quadratmetern Wohnfläche eingerichtet. Noch bis in die 50er Jahre des 20. Jahrhunderts war das Hospiz als Altersheim eine soziale Institution.

Jede der **Kirchen** ist eine Besonderheit: St. Marien, eine der größten Kirchen in Deutschland und Vorbild für Kirchenbauten im gesamten Ostseeraum, weist die weltweit größte mechanische Orgel auf. In einer Seitenkapelle liegen die Kirchenglocken, die beim Luftangriff 1942 vom Turm herunterstürzten. Im ursprünglich romanischen Dom, der im 14. Jahrhundert im gotischen Stil um- und ausgebaut wurde, werden zahlreiche Kunstschätze aufbewahrt. In St. Jakobi, der Kirche der Seefahrer, wird ein Rettungsboot des 1957 gesunkenen Segelschiffs „Pamir" aufbewahrt. Am Westgiebel von St. Katharinen befindet sich ein Figurenfries von Ernst Barlach, und St. Aegidien ist reich ausgestattet mit gotischen Fresken und Schmuckelementen aus der Renaissance und dem Barock. Wer aus 50 m Höhe auf die von Wasser umgebene Altstadt blicken möchte, steigt zur Aussichtsplattform des Turms von St. Petri hoch.

Lübeck hat eine ganze Anzahl interessanter **Ausstellungen** bzw. **Museen** aufzuweisen; so z. B. das Buddenbrookhaus, das der Künstlerfamilie Mann gewidmet ist, und das Günter-Grass-Haus; das Kunsthalle St. Annen Museum, u. a. mit einer exquisiten Sammlung sakraler Kunst, und das Museum für Figurentheater. Zur Abrundung des Gesamteindrucks gehört ein Besuch des **Museumshafens**, dem Heimathafen von mehr als 20 historischen Segelschiffen, die allerdings höchst selten gemeinsam vor Anker liegen.

Wir schieben unsere Fahrräder geradeaus über den Kornmarkt, nach links durch die Fußgängerzone Breite Straße zum Rathaus und wenden uns hier nach rechts. Der quer verlaufenden, für den Verkehr offenen Königstraße folgen wir nach links zum Heilig-Geist-Hospital und verlassen die Altstadt durch das Burgtor.

Über die Burgtorbrücke und auf einem Radweg entlang der Travemünder Allee gelangen wir nach 1,5 km zu einer Ampelkreuzung. Nach links überqueren wir die nun mehrspurige Straße (Ausschilderung: Skandinavienkai, Karlshof), wenden uns sofort wieder nach rechts auf einen Radweg an der Straße und biegen nach 300 m links ab in die Wohnstraße Glashüttenweg. Nach weiteren 100 m halten wir uns an einer Straßengabelung rechts in die Straße Tornelweg, stoßen nach 800 m auf die Straße An der Hülshorst und folgen ihr nach rechts. In einer Rechtskurve der Straße zweigt links ein breiter Fuß- und Radweg ab, der durch ein Waldgebiet an die Trave führt. Nach rechts führt der Weg am Flussufer entlang nach Gothmund.

Gleich bei den ersten Häusern wenden wir uns nach links in den Fischerweg; die Räder müssen wir schieben!

Info

In **Gothmund** könnte man meinen, in ein vergangenes Jahrhundert zurückversetzt zu sein. Das Fischerdörfchen zieht sich in zwei Reihen reetgedeckter Häuser mit gepflegten Gärten an der Trave entlang; zwischen den Häusern verläuft der Fischerweg, die alte Dorfstraße, am Flussufer sind Fischerboote vertäut.

Am Ortsende passieren wir eine Gaststätte und wenden uns nach rechts auf ein ansteigendes Sträßchen, von dem wir nach 50 m links abbiegen (Schild: Wanderweg „Hanseatenweg“). Dieser Weg führt durch Wald zurück an die Trave und weiter entlang dem Ufer. Auf Höhe eines Bootshafens folgen wir geradeaus einem Sträßchen und unterqueren eine Brücke der Bundesstraße, die nach Travemünde führt. Wir folgen nach rechts der Bundesstraßen-Auffahrt in Richtung Travemünde und überqueren auf einem Radweg neben der Straße den Fluss. Schon bei der nächsten Abfahrt verlassen wir die Bundesstraße wieder, wenden uns nach links in die Straße Kieselgrund und unterqueren nach 600 m die Bundestraße.

Tipp

Wer in Eile ist, unterquert die Bundesstraße nicht, sondern hält sich geradeaus an die Radmarkierung „Travemünde“. Allerdings ist diese Variante bei weitem nicht so schön wie die beschriebene Route, denn sie folgt der Bundesstraße, anschließend der Verbindungsstraße zwischen den nördlichen Stadtteilen Lübecks und Travemünde.

Das Landsträßchen führt in Kurven zu einer Kreuzung. Geradeaus fahren wir durch ein leicht hügeliges Waldgebiet, überqueren nach links die Bahnlinie Lübeck – Travemünde und folgen der Straße in Richtung Kreuzkamp. An der nächsten Kreuzung geradeaus, an der folgenden Straßengabelung rechts in Richtung Pöppendorf. Im Waldhusener Forst verläuft das Sträßchen schnurgerade, ab dem Waldrand in Kurven nach Pöppendorf, vorbei an einem beeindruckenden Ringwall.

Info

Links an der Straße führen Stufen auf einen baumbestandenen Wall hoch, den **„Pöppendorfer Ringwall“**, der noch heute bis zu 12 m hoch ist. Es handelt sich um den Außenwall einer slawischen Burganlage, die vermutlich im 7. Jh. errichtet wurde und bis in das 10. Jh. besiedelt war.

In Pöppendorf mit seinen reetgedeckten Häusern wenden wir uns nach links, durchfahren wenig später Ovendorf und biegen kurz nach dem Ort an einer Kreuzung rechts ab (Radmarkierung Travemünde). Wir passieren die wenigen Gebäude von Ovendorfer Hof, überqueren

auf einer Straßenbrücke die Bundesstraße und halten uns in Rönnau geradeaus. Nach links auf einem Radweg an der Ivendorfer Landstraße erreichen wir Travemünde, kreuzen die Bahnlinie Lübeck – Travemünde und wenden uns an einer Stoppstelle nach links in den alten Ortskern von Travemünde, der sich um die St. Lorenzkirche konzentriert. Links fahren wir um die Kirche herum und erreichen die Ablegestelle der Autofähre nach Priwall am Ufer der Trave.

Info

Das Kleinstädtchen **Travemünde** liegt an der Mündung der Trave in die Lübecker Bucht. Der Strand an der Lübecker Bucht zog schon früh die ersten Besucher an, so dass der Ort im Jahr 1802 Seebad wurde; nach Heiligendamm das zweitälteste Seebad an der Ostseeküste. Heute ist Travemünde ein Ostseeheilbad, dessen Casino zusätzliche Besucher anlockt. Wahrzeichen von Travemünde: das vielstöckige Hotel Maritim. Am bekanntesten aber ist Travemünde durch den Skandinavienkai, einen der größten europäischen Fährschiffhäfen.

Beliebt bei Touristen ist die Straße Vorderreihe mit Geschäften, zahlreichen Restaurants und Cafés entlang des Kais, von wo aus der rege Schiffs- und Bootsverkehr auf der Trave bequem zu beobachten ist. Am gegenüber liegenden Ufer ist, weit im Hintergrund in Richtung Lübecker Bucht, das im Bootshafen von Priwall auf Dauer verankerte Segelschiff „Passat" zu sehen.

Nach links folgen wir der Straße Vorderreihe, die auch als Hafenpromenade, als Ab- bzw. Anlegekai für die Trave-Autofähre nach Priwall und für Fahrgastschiffe gleich mehrere Funktionen erfüllt. Nach etwa 400 m erreichen wir die Ablegestelle des Fahrgastschiffes, das uns auf der Trave zur Altstadt von Lübeck zurückbringt.

In Lübeck fahren wir zur Holstenbrücke und kehren auf dem gleichen Weg, auf dem wir unsere Tour begonnen haben – den Radweg rechts neben der Straße benutzen! -, an unseren Ausgangspunkt zurück.

2

Im „Speckwinkel":
Klütz – Kalkhorst – Boltenhagen – Klütz

Einheimische sagen, man befinde sich im Klützer Winkel, so lange man den Kirchturm von Klütz sehen kann. Griffiger ist die Bezeichnung „Speckwinkel". Noch heute sind an Bauernhäusern gelegentlich turmartige Anbauten zu sehen, die Specktürme, die der Aufbewahrung von Nahrungsmitteln dienten.

Toureninfos

Karte S. 31

km 38 km

START Das Kleinstädtchen Klütz.

P Parkplatz in der Ortsmitte; vom Marktplatz nahe der Kirche in Richtung Schloss Bothmer, nach 100 m rechts abbiegen.

Bahnlinie Lübeck – Rostock; in Grevesmühlen umsteigen in die Museumsbahn „Klützer Kaffeebrenner" nach Klütz.

Leichte Rundtour in sanft gewellter Landschaft; zahlreiche kurze Anstiege; überwiegend auf ruhigen Nebenstraßen; zwei Wegabschnitte auf sandigem Fahrweg bzw. breitem, gut befahrbarem Forstweg; von Redewisch über Boltenhagen nach Klütz asphaltierter Fuß- und Radweg an der Straße; sowohl in Klütz als auch in Kalkhorst Kopfsteinpflaster.

Radweg zwischen Boltenhagen und Klütz (hin und zurück ca. 3 km) und das Sträßchen Kalkhorst – Brook (hin und zurück ca. 2,5 km); allerdings kann dieses Sträßchen an sonnigen Sommer-Wochenenden auch stärker befahren sein.

Am Ortsrand von Klütz die Klützer Mühle, eine Windmühle, März–Okt tägl. ab 11 Uhr; das Landhaus Klützer Eck mit Terrasse. – Zwischen Rankendorf und Schloss Kalkhorst das urige

Gehöft „Waldkaten“ mit Hofladen, tägl. ab 11 Uhr – In Kalkhorst die Gaststätte „Kiek in“. – In Elmenhorst die Gaststätte Eicheneck mit Terrasse, Di–So 13–18 Uhr. – Zwischen Redewisch Ausbau und Aussichtspunkt Großklützhoved ein Kaffeezelt, Di–So 13–18 Uhr. – Abstecher nach Redewisch: Bauernmarkt und Souvenirverkauf mit Café, einige Tische im Freien, Mo–So 10–19 Uhr. – In Boltenhagen zahlreiche Restaurants und Cafés.

Bei Brook und Steinbeck auf kurzen Abstechern zum Strand; Strand zwischen Redewisch und Boltenhagen.

Schloss Bothmer, Park tägl. 9–19 Uhr, Führungen April–Okt Mi, Sa und So um 14.30 Uhr. – Park des Schlosses Kalkhorst, 10–18 Uhr; das Schloss kann nicht besichtigt werden. – Bauernmarkt mit Café in Redewisch, Mo–So 10–19 Uhr. – In Boltenhagen Rundfahrten mit der Bäderbahn „Carolinchen“, auch zum Aussichtspunkt Großklützhoved, Tel. 03 88 25/2 32 01; Buddelschiffmuseum, Ostseeallee 23, Mo–Fr 15.30–18, Sa und So 13–18 Uhr; Bootsvermietung, Ostseealle 24, Tel. 03 88 25/ 2 92 93. – Museums-Eisenbahn „Klützer Kaffeebrenner“ Grevesmühlen-Klütz, Mitte Juni–Mitte Sept tägl. zweimal zwischen 11 und 16 Uhr, Auskunft unter Tel. 03 88 25/32 01.

Fremdenverkehrszentrum Klütz, Schlossstr. 34, Tel. 03 88 25/2 22 95, www.kluetzer-winkel.de

Tourverlauf

Unsere Tour beginnt in der Ortsmitte von Klütz. Solange die Herren von Bothmer in Schloss Bothmer residierten, war Klütz ein Residenzstädtchen. Mit dem Ende der Junkerherrschaft und mit der Verlegung der Verwaltung nach Grevesmühlen verlor das Städtchen seine Bedeutung.

Info

Mitten in **Klütz** steht die aus dem 13. Jahrhundert stammende **Marienkirche**, deren Turmdach der Form wegen als „Bischofsmütze“ bezeichnet wird. Diese Turmform ist in Mecklenburg des öfteren zu sehen. Auf einem niederen Hügel am nördlichen Ortsrand befindet sich eine **Windmühle**, die mittlerweile eine auf mehrere Stockwerke verteilte Gaststätte beherbergt.

Am südlichen Ortsrand befindet sich **Schloss Bothmer**, das größte Barockschloss Mecklenburgs. Anfang des 18. Jhdts. war ein Graf von Bothmer als preußischer Gesandter in England tätig und ließ sich sein Schloss nach dem Vorbild des wesentlich größeren Blenheim Palace (Oxfordshire, England) erbauen. Heute bietet das ausladend angelegte Schloss mit Wirtschaftsgebäuden, breitem Wassergraben, einer alten Lindenallee und den Resten einer Parkanlage einen etwas tristen Anblick, denn mangels öffentlicher Gelder sind dringend notwendige Restaurierungsarbeiten derzeit nicht durchführbar.

Vom Parkplatz in Klütz kehren wir zum kleinen Marktplatz zurück und folgen geradeaus der Kopfsteinpflaster-Ortsdurchfahrt durch eine Linkskurve. Während die Hauptstraße in Richtung Lübeck wenig später rechts abknickt, fahren wir geradeaus nach Arpshagen.

Tipp

Abstecher zu **Schloss Bothmer**: In Arpshagen kreuzt an einer Bushaltestelle – hier das Straßenschild „An der Chaussee" – ein breiter Sandweg die Straße; nach links (Radwegweiser: Klütz), Bahngleise kreuzen und einige hundert Meter weit zum Schloss.

Die kurvenreiche Landstraße führt in leichtem Auf und Ab in das Straßendorf Goldbeck und weiter zu den wenigen Häusern von Kühlenstein. Während die Asphaltstraße links abknickt, halten wir uns geradeaus (Radschild: Rankendorf). Diese gelegentlich etwas mühsam zu befahrende Sand-Kies-Straße mit Resten eines Kopfsteinpflasters führt in den Ort Rankendorf, wo die Straße wieder Asphaltbelag aufweist. Kurz nach Ortsbeginn biegen wir rechts ab (Radschild: Ostseeküste, Kalkhorst) in die Straße Kalkhorster Weg. Hier fällt ein an ein Bauernhaus angebauter, gedrungener Turm auf. Es handelt sich um einen so genannten „Speckturm".

Die Straße führt durch ein Waldgebiet und geht wieder in eine Sand-Kies-Straße über. Nach ca. 2 km ab Rankendorf biegen wir am Waldrand rechts ab (Radschild: Schloss Kalkhorst) auf einen sandigen Forstweg und stoßen auf einen quer verlaufenden Weg. Ehe wir uns hier nach links wenden, empfehlen wir den kurzen Abstecher nach rechts zu einem malerischen Gehöft, dem „Waldkaten", in dem ein Hofladen und ein Café eingerichtet wurden.

Auf dem gleichen Weg kehren wir zurück, halten uns nun geradeaus und erreichen nach ca. 1,5 km in bequemer Fahrt das Eingangstor von Schloss Kalkhorst. Hier beginnt eine Kopfsteinpflaster-Straße, auf der wir in den Ort Kalkhorst gelangen.

Strandleben bei Boltenhagen.

Info

Schloss Kalkhorst, ein kleines Schloss, das Mitte des 19. Jahrhunderts im romantisierenden neugotischen Stil mit Erkern und Türmchen erbaut wurde, befindet sich in Privatbesitz und kann nicht besichtigt werden; zu besichtigen ist nur der englische Landschaftspark, in dem u. a. auch Mammutbäume stehen.

An der Kirche kreuzen wir die Ortsdurchfahrt schräg nach rechts (Ausschilderung: Strand, Brook), halten uns gleich darauf an einer Kreuzung leicht rechts und gelangen auf einer schmalen Landstraße in leichtem Auf und Ab in das Straßendorf Brook. Wer baden möchte, aber den Strandrummel von Boltenhagen vermeiden will, kann hier einen Abstecher machen zum Strand (hin und zurück 2 km).

Die Straße, nun eine Allee, führt weiterhin durch eine leicht hügelige Landschaft mit Getreidefeldern nach Warnkenhagen und in das sich direkt anschließende Elmenhorst. Kurz vor dem Ortsende von Elmenhorst biegen wir an einer Gaststätte links ab (Radschild: Boltenhagen) auf ein schmales, kurvenreiches Sträßchen, auf dem wir zu den wenigen einzeln stehenden Höfen von Steinbeck gelangen.

An einer Gabelung halten wir uns links, passieren einen Zugang zur Steilküste (hin und zurück 600 m) und erreichen, mit Blick auf die

Ostsee, den kleinen Ort Redewisch Ausbau. Wir wenden uns nach links (Radschild: Boltenhagen), halten uns wenig später an einer Gabelung erneut links und erreichen, vorbei an einem Bauernhof, wo in einem großen Zelt Kaffee und Kuchen angeboten werden, den Aussichtspunkt Großklützhoved. Nun sind wir am nördlichsten Punkt des Klützer Winkels angekommen. Von diesem Punkt an einer 30 m hohen Steilküste blicken wir über die Lübecker Bucht auf die schleswig-holsteinische Küste und über die Wismarbucht auf die Insel Poel.

Tipp

Wer einen **Bauernmarkt mit Café** besuchen möchte (Abstecher hin und zurück 2 km), wendet sich am Ortsende von Redewisch Ausbau nach rechts und gelangt nach Redewisch. Gleich rechts an der Straße befindet sich das Geschäft, in dem diverse Lebensmittel, u. a. auch Produkte auf der Basis von Sanddorn, Souvenirs, Korbwaren und unterschiedlichste Geschenkartikel angeboten werden.

Bequem erreichen wir Redewisch und halten uns links zum Strand. Auf einem Fuß- und Radweg neben der Küstenstraße gelangen wir, mit Blick auf den belebten Strand, in das Seebad Boltenhagen.

Info

Im Sommer scheint das Ostseebad **Boltenhagen** aus allen Nähten zu platzen. Zahlreiche Besucher und Fahrzeuge in der Hauptstraße, die sowohl Ortsdurchfahrt als auch Geschäftsstraße und „Restaurantmeile" ist, zahlreiche Besucher auf der Seebrücke, unzählige Badende am breiten Strand, so weit das Auge reicht. Nicht verwunderlich, bietet doch der Ort mit knapp 3000 Einwohnern 8000 Gästebetten an und kommen doch aus Wismar und aus Grevesmühlen zusätzliche Tagesbesucher. Auch Tagesbesucher aus Lübeck, die einmal nicht an der schleswig-holsteinischen Küste baden möchten, steuern zumeist Boltenhagen an, den nächstgelegenen größeren Badeort in Mecklenburg.

Boltenhagen war ein kleines Fischer- und Bauerndorf mit reetgedeckten Niederdeutschen Hallenhäusern; einige dieser Häuser stehen noch heute. Um die Mitte des 19. Jahrhunderts begann Boltenhagen allmählich als Badeort aufzublühen. Angeblich vollzog im Jahr 1803 ein Graf von Bothmer den inoffiziellen „Gründungsakt" für den Badetourismus, als er am Strand von Redewisch einen Badekarren aufstellen ließ. Solche Badekarren wurden von Pferden bis ins Wasser gezogen und dienten als Umkleidekabinen. Jüngere touristische Einrichtungen sind die 1992 eingeweihte Seebrücke und der Kurpark.

An einem Kreisverkehr vor dem Ortszentrum wenden wir uns nach rechts in Richtung Klütz. Ein asphaltierter Fuß- und Radweg verläuft neben der kurvenreichen Straße in sanftem Auf und Ab zwischen Wiesen und Viehweiden. Am Ortsbeginn von Klütz endet dieser Weg. Geradeaus folgen wir der rauen Kopfsteinpflaster-Ortsdurchfahrt zur Kirche und kehren an unseren Ausgangspunkt zurück.

3

Hünengräber und Steinzeitdorf: Wohlenberg – Everstorfer Forst – Grevesmühlen – Wohlenberg

Diese Tour beginnt an der Wohlenberger Wiek, einer Ausbuchtung der Wismarbucht. Der kilometerlange, breite Strand an der Bucht ist der bevorzugte Strand der Einwohner von Wismar und Schwerin. Zur DDR-Zeit war die Bucht recht beliebt bei denjenigen, die in aller Ruhe einen Camping-Urlaub abseits von geschäftigen Badeorten verbringen wollten. Mittlerweile tummeln sich an manch einem sonnigen Sommer-Wochenende Tausende von Sonnenhungrigen.

Vergleichsweise ruhig dagegen ist es auch heute noch, sobald man sich vom Strand entfernt und das leicht hügelige Hinterland mit den riesigen Feldern erkundet. Abgesehen von der Kleinstadt Grevesmühlen, stößt man nur auf Weiler und kleine Dörfer.

Toureninfos

Karte S. 31

km 45 km.

START Parkplatz zwischen Wohlenberg und Niendorf.

P Große, gebührenpflichtige Parkplätze an der Küstenstraße zwischen Wohlenberg und Campingplatz Niendorf.

Rundtour in sanft gewellter Landschaft mit einem gelegentlichen Waldstück; zahlreiche kurze, leichte Anstiege; überwiegend auf schmalen, kurvenreichen Landstraßen unterschiedlichster Qualität: guter Asphaltbelag, gut befahrbare Sand-Kies-Straße, kurzer Abschnitt auf Betonplatten-Straße, raues Kopfsteinpflaster; zwei Abschnitte auf Wald- bzw. Forstweg; knapp 2 km auf der stark befahrenen (!), nicht allzu breiten Küstenstraße zwischen Wohlenberg und Niendorf; eine neben der Küstenstraße verlaufende Sand-Kies-Piste ist wegen der spitzen Steine nur für Mountain-bikes mit stabilen Reifen zu empfehlen.

Eines der jungsteinzeitlichen Großsteingräber im Everstorfer Forst.

Fisch-Kioske auf den Parkplätzen zwischen Wohlenberg und Niendorf. – Eine Gaststätte beim Campingplatz Niendorf, eine weitere in Niendorf – In Hamberge Pension-Café Rabe. – Am Ploggensee (Stadtrand Grevesmühlen) das Restaurant-Café Seeschlösschen, Terrasse am See, Fischgerichte, Tel. 0 38 81/ 71 60 00. – In Grevesmühlen (Abstecher hin und zurück 1 km) mehrere Gaststätten, Bistro und Café. – Gaststätte sowohl in Gostorf als auch in Damshagen. – In Wohlenberg das Landhaus Wohlenberg mit Gartenterrasse, gutbürgerliche Küche.

Langer, breiter Strand an der Wohlenberger Wiek zwischen Wohlenberg und Niendorf; am Ortsrand von Grevesmühlen ein kleines Bad am Ploggensee.

In Grevesmühlen das Städtische Museum „Ältestes Haus" zur Ur- und Frühgeschichte, das Industriemuseum „Malzfabrik" und eine Holländerwindmühle mit Glasbläser-Werkstatt; Auskunft: Stadtinformation Grevesmühlen, Tel. 0 38 81/72 32 22; – Museumsbahn „Klützer Ostsee-Eisenbahn" („Klützer Kaffeebrenner") zwischen Grevesmühlen und Klütz, Mitte Juni–Mitte Sept. zweimal tägl. zwischen 11 und 16 Uhr; Auskunft Tel. 03 88 25/32 01. – Nachgebautes Steinzeitdorf Kussow,

Haustiere und Vorführungen, April–Okt Mo–Fr 10–18, Sa/So und feiertags 12–20 Uhr; Nov–März Mo–Do 9–15 Uhr.

Tourismus- und Heimatverein Wohlenberger Wiek und Umland, Kirschenallee 24, 23968 Proseken, Tel. 03 84 28/6 04 59 und 6 00 85. – Stadtinformation, Rathausplatz 2, 23936 Grevesmühlen, Tel. 0 38 81/72 32 22; www.grevesmuehlen.de

Tourverlauf

Wir beginnen die Tour an einem der Parkplätze zwischen Wohlenberg und Niendorf; am besten auf demjenigen Parkplatz, der am nächsten bei Wohlenberg liegt – dann haben wir die an sonnigen Sommer-Wochenenden stark befahrene Küstenstraße gleich zu Beginn hinter uns gebracht.

Auf der Küstenstraße mit zahlreichen Strandzugängen bzw. auf einer Kies-Sand-Kies-Piste, die parallel zur Straße verläuft und als Parkplatz benutzt wird – Achtung: spitze Steine! -, fahren wir entlang der Bucht Wohlenberger Wiek in Richtung Wismar und biegen am Campingplatz Niendorf rechts ab. Dieser recht ruhigen Nebenstraße, die in leichtem Auf und Ab verläuft, folgen wir durch Niendorf und halten uns bei Wahrstorf an einer Straßenkreuzung geradeaus (Ausschilderung: Großsteingräber Everstorf). Das Sträßchen führt durch Hoikendorf und knickt nach einem Anstieg rechts um. Gleich darauf passieren wir die Linksabzweigung eines Sträßchens und folgen der Ausschilderung „Großsteingräber Nordgruppe" zum Waldgebiet Everstorfer Forst. An einer Info-Tafel, links am Waldrand, führt ein Waldweg zu einigen nur 50 m entfernten Hünengräbern.

Info

Von den **Everstorfer Großsteingräbern** sind die einstigen Erdaufschüttungen verschwunden. Geblieben sind die großen Steine und Felsbrocken, die „Fundamente" der Grabhügel, die unterschiedliche Arten von Gräbern erkennen lassen; hier sind es Steinsetzungen in Form eines Schiffes und einer kleinen Kammer. Auf Grund ihrer beeindruckenden Form sind die „Dolmen" die bekanntesten Großsteingräber. Auf zumeist drei senkrecht aufgestellte Stene wurde ein Deckstein gelegt, der in Einzelfällen bis zu hundert Tonnen wiegt. Die Steinsetzungen dienten dazu, den Grundriss festzulegen und die eigentliche Grabkammer bzw. den Gang zur Grabkammer zu befestigen. Tonnen von Erde wurden darüber aufgehäuft und geglättet, so dass ein Hügel entstand. Im Laufe der Jahrtausende verschwand der Erdhügel durch Erosion, so dass heute normalerweise nur noch die Steine des Grundrisses zu sehen sind.

Da sich die Menschen vor einigen Jahrhunderten nicht vorstellen konnten, wer solch große Gräber, teilweise bis zu 40 m lang, angelegt haben könnte, blieben nur „hünenhafte Riesen", übermenschlich starke Fabelwesen, als Erklärung; daher auch die heute gängige Bezeichnung „Hünengräber". Diese Art von Grabstätten war in der Jungsteinzeit, grob gesagt zwischen 4000 und 2000 v. Chr., in ganz Europa verbreitet.

Nach ca. 1 km passieren wir an der Rechtsabzweigung des nach Everstorf führenden Sträßchens einen Rastplatz mit einem interessanten „Sühnestein", einem Gedenkstein an eine Mordtat, und folgen nach einigen hundert Metern in einer Linkskurve der Straße geradeaus einem Waldweg (Ausschilderung: Hamberge, Schälchenstein). Am Ende des Walds geht der Weg in ein Sträßchen über, und wenig später steigen wir im Dörfchen Hamberge auf der rauen Kopfsteinpflaster-Dorfstraße kurz an. Am Ortsende, in einer Linkskurve der Straße, steht rechts am Waldrand der „Schälchenstein".

Info

Beim **Schälchenstein** handelt es sich um einen senkrecht stehenden Stein, der mittlerweile zu einem Gedenkstein „erweitert" wurde. In der Jungsteinzeit bzw. Bronzezeit wurden kleine, schalenartige Vertiefungen, eben „Schälchen", aus dem Stein geschlagen oder geschabt. Leider kann die Wissenschaft die Frage, wofür solche Schälchensteine einst dienten, (noch) nicht beantworten.

Am Schälchenstein wenden wir uns nach rechts (Rad-/Wander-Ausschilderung: Grevesmühlen) auf einen grasbewachsenen Weg und steigen entlang dem Waldrand leicht an. Aber schon nach 200 m schwenkt der Weg links um und führt wieder bergab. Dabei kreuzen wir mehrere Querwege. Am Fuß des Hangs führt der Weg leicht nach rechts und wenig später über einen niederen Erdwall. Geradeaus über eine kleine Schneise, und nach ein paar Metern stoßen wir auf einen gut befahrbaren Waldweg. Nach einigen hundert Metern halten wir uns an einer Weggabelung mit einem Picknickplatz nach links, fahren am Schilfufer des Ploggensees entlang – das städtische Fischgewässer – und passieren kurz vor dem Stadtrand von Grevesmühlen bei einem Restaurant am Ploggensee eine Badeanstalt. Auf der querlaufenden Straße Grevesmühlen – Groß Walmstorf wenden wir uns nach links zu einer Ampelkreuzung an der stark befahrenen B 105, Wismar – Lübeck. Wer einen Abstecher nach Grevesmühlen machen möchte: Geradeaus über die Ampelkreuzung und nach 250 m rechts abbiegen.

Info

Zu den ältesten Städten Mecklenburgs zählt das im Jahr 1226 urkundlich erstmals erwähnte **Grevesmühlen**, eine Kleinstadt mit gut 11 000 Einwohnern und Kreisstadt. Erstaunlich, dass sich neben der nur 20 km entfernten mächtigen Hansestadt Wismar eine Stadt halten konnte. Die Erklärung liegt vermutlich darin, dass in Grevesmühlen zwei aus Süden kommende wichtige Land-Handelswege zusammenliefen, und dass Grevesmühlen im Winter, wenn die Ostsee in Küstennähe zugefroren war, eine Zwischenstation auf dem Weg Lübeck – Wismar für den Warentransport zu Land war.

Die Kirche St. Nikolai, ein Backsteinbau aus dem 13. Jahrhundert, besaß ursprünglich einen Kirchturm von 92 m Höhe, aber bei einem Großbrand im 17. Jahrhundert wurde die Turmspitze zerstört und nicht mehr erneuert. Wer sich eher für Weltliches interessiert: Die Malzfabrik und eine Glasbläserwerkstatt können besichtigt werden.

Tipp

Für Eisenbahn-Freunde oder für Familien mit kleineren Kindern bietet eine kurze Fahrt mit dem **„Klützer Kaffeebrenner"**, einer Museumbahn zwischen Grevesmühlen und Klütz, willkommene Abwechslung. Start ist am Bahnhof Grevesmühlen (südlicher Rand der Altstadt), und nach 7 km Bahnfahrt steigt man an der Haltestelle Moos wieder aus. Diese Haltestelle liegt an unserer Radstrecke.

Der B 105 folgen wir nach rechts und biegen an der übernächsten Ampelkreuzung rechts ab in die Wohnstraße Am Bleicher Berg. Am Stadtrand geht die Asphaltstraße in eine gut befahrbare Sand-Kies-Straße über, die in leichtem Auf und Ab am Vielbecker See vorbeiführt. Bei den wenigen Häusern von Grenzhausen halten wir uns zunächst geradeaus auf eine Straße, nach 30 m in einer Rechtskurve der Straße erneut geradeaus und auf einer Betonplatten-Straße in das unmittelbar benachbarte Gostorf. Im Ort folgen wir nach rechts einer quer verlaufenden schmalen Straße zur Museumsbahn-Haltestelle Moos und wenden uns nach rechts in Richtung Gutow. Nach 300 m biegen wir nochmals rechts ab in Richtung Kussow und erreichen auf einem Betonsträßchen, das zwischen Buschreihen und vorbei an zahlreichen Weidenbäumen verläuft, den Weiler Kussow. Gleich am Ortsbeginn steht ein nachgebautes Steinzeitdorf.

Info

Das **Steinzeitdorf Kussow** besteht aus mehreren Gebäuden, die alle in derselben Bauweise errichtet wurden: Starke Pfosten tragen das Reetdach, die Wände sind aus Weidengeflecht, das mit Lehm verschmiert und somit abgedichtet ist, der Boden besteht aus gestampftem Lehm bzw. Sand. Eine offene Feuerstelle und eine mit Fellen ausgelegte Bettstatt machen deutlich, wie der Wohnbereich in einem Bauernhaus aussah. In einem Pferch werden Schafe verschiedener Rassen gehalten, daneben grunzen Schweine einer vom Aussterben bedrohten Rasse. Ein kleines Schaufeld mit mehreren Getreidesorten und anderen Nutzpflanzen vervollständigt das Dorf. Nicht mehr zum eigentlichen Dorf gehörig: Einige aus Reet errichtete Rundhütten und die Nachbildung eines Großsteingrabs.

Nach 2 km kreuzen wir die Straße Grevesmühlen – Klütz und fahren geradeaus durch Rolofshagen (Ausschilderung: Parin). Ein kurvenreiches Landsträßchen führt in das Dorf Parin und in einem weiten Bogen (Straße Unterdorf) zum Ortsende, wo wir einem Sträßchen mit 2 Fahrstreifen folgen (Ausschilderung: Damshagen). Zwischen Feldern, kurzzeitig durch Wald auf einem sandigen Schotterweg und auf einer Allee erreichen wir Damshagen. An einer Stoppstelle wenden wir uns nach rechts, biegen kurz nach der Dorfkirche erneut rechts ab (Ausschilderung: Großenhof) und gelangen auf einer kurvenreichen, streckenweise schattigen Landstraße nach Großenhof.

Info

Das Straßendorf **Großenhof** bietet auf den ersten Blick nichts Außergewöhnliches. Jedoch steht am Ende einer rechts abzweigenden Seitenstraße, 100 m von der Ortsdurchfahrt entfernt, auf einer niederen Erhebung das einstige Herrenhaus des in weitem Umkreis ältesten Ritterguts. Das Gebäude, ein mit Klinkern ausgefachtes Fachwerkhaus, stammt allerdings aus dem 17. Jahrhundert.

Auf Kopfsteinpflaster fahren wir geradeaus durch das Straßendorf, halten uns am Ortsende auf einer querlaufenden Straße links (Ausschilderung: Gantenbeck) und sind gleich darauf im Dörfchen Gantenbeck. Im Ort biegen wir rechts ab in die Straße Oberklützer Weg, biegen nach 50 m wiederum rechts ab (Ausschilderung: Weg nach Tarnewitzerhagen) und folgen einer schmalen Landstraße, die in ein Betonsträßchen übergeht. Kurz nach dem großen Gehöft Tarnewitzerhagen, einem Reiterhof, halten wir uns an einer Kreuzung rechts. Das zunächst asphaltierte Sträßchen wird zu einem Betonplatten-Fahrweg, und nach einem Linksknick des Wegs gelangen wir auf Kopfsteinpflaster nach Oberhof.

Gegenüber einem renovierten Herrenhaus biegen wir von der Ortsdurchfahrt rechts ab und folgen einer schnurgeraden Allee, die in die (zeitweise stark befahrene!) Straße Klütz–Wohlenberger Wiek–Wismar einmündet. Wir wenden uns nach rechts – schöner Blick auf die Wismarbucht –, fahren durch Wohlenberg und kehren entlang der Küste an unseren Ausgangs-Parkplatz zurück.

Nachgebaute Häuser im Steinzeitdorf Kussow.

4

Die Insel Poel: Kirchdorf – Gollwitz – Kaltenhof – Am Schwarzen Busch – Timmendorf Strand – Kirchdorf

Die ganz auf Besucher eingestellte Insel Poel – „poel" ist ein slawisches Wort mit der Bedeutung „flach" – mit einem höchsten Punkt von nur 26 m ist eine baumarme Insel. In 15 Ortschaften leben 3000 Inselbewohner, davon allein schon die Hälfte in Kirchdorf. Herausragendes Kulturdenkmal ist eine romanisch-gotische Backsteinkirche innerhalb der Wälle einer Festungsanlage bei Kirchdorf. Wahrzeichen der Insel aber ist der Leuchtturm am Timmendorfer Hafen.

Toureninfos

Karte S. 39

km 21 km

START Insel-Hauptort Kirchdorf

P Am südlichen Ortsrand von Kirchdorf ein großer, gebührenfreier Parkplatz an der Straße in Richtung Timmendorf Strand, 250 m nach der Kirche.

Leichte Tour ohne nennenswerte Anstiege zwischen (Raps-) Feldern zu mehreren Orten und Badestränden. Unterschiedliche Qualität der Wege: Landstraßen, Sand-Kies-Wege, Betonplatten-Wege; Achtung: an Sommer-Wochenenden ist die Landstraße zwischen Kirchdorf und Timmendorf Strand stark befahren.

Die Sträßchen zu den Stränden sind, zumindest zeitweise, recht stark befahren. Die einzige bedenkenlos zu nutzende Strecke ist der Radweg entlang der Dammstraße (hin und zurück ca. 4 km), die zwischen Fährdorf und Groß Strömkendorf die Insel mit dem Festland verbindet.

In Kirchdorf mehrere Restaurants, u. a. im Hafen Krönings Fischbauden mit Terrasse, Fischgerichte; Hafen-Pavillon mit Fischgerichten, Kaffee und Kuchen; Restaurant zum Poeler Dampfer. – In Gollwitz eine Gaststätte und ein Restaurant im Inselhotel Poel. – Zwei Restaurants am Strand von Am Schwarzen Busch, die Gaststätte Zur Düne in Ferienhaussiedlung bei Schwarzen Busch. – In Timmendorf Strand u. a. das Restaurant Krönings Fischbauden mit Terrasse und das Restaurant Poeler Kogge mit Terrasse; Kioske. – In Timmendorf das Wirtshaus Steinhagen mit Terrasse, regionale Küche.

Sandstrände bei Gollwitz, Am Schwarzen Busch, Timmendorf Strand, an der Südspitze der Insel südlich von Hinter Wangern.

In Kirchdorf ein Heimatmuseum mit kleiner Ausstellung zum Thema „Cap Arcona", 15. Mai–15. Sept Di–So 10–16 Uhr, Mitte Sept–Mitte Mai Di, Mi, Sa 10–12 Uhr; Bastionskirche (Poeler Kirche), tagsüber geöffnet, Führung im Sommer nach dem sonntäglichen 10 Uhr-Gottesdienst.

Kurverwaltung, Wismarsche Straße 2, 23999 Kirchdorf, Tel. 03 84 25/2 03 47, www.insel-poel.de

Tourverlauf

Vom Parkplatz unweit der Kirche und Festung von Kirchdorf fahren wir auf der Insel-Hauptstraße in Richtung Kirchdorf und passieren am Ortsbeginn den Zugang zur Kirche, die sich innerhalb der Wallanlagen einer ehemaligen Festung befindet, und den recht lebhaften Hafen.

Info

Die **Bastionskirche**, eine Backsteinkirche, stammt aus der Mitte des 13. Jahrhunderts, wurde aber später erweitert zu ihrer heutigen Größe. Recht ungewöhnlich ist die Lage der Kirche innerhalb der Wälle einer Festung. Anfang des 17. Jahrhunderts beschloss der damalige Herzog von Mecklenburg, zum Schutz seiner Residenzstadt Wismar die strategisch günstige Lage der Insel Poel auszunutzen und sie mit einer Festung zu versehen. Nach 5 Jahren Bauzeit war die in drei Teile gegliederte Anlage fertiggestellt, gerade zu der Zeit, als der 30-jährige Krieg begann (1618–48). Die zentrale Stellung nahm ein Schloss ein, das durch einen Doppelwall und einen Wassergraben bzw. nach Osten durch die Kirchsee geschützt war. Südlich des Schlosses lag der Schlossgarten, nördlich des Schlosses wurde die Kirche in das Wall- und Grabensystem der Festung mit einbezogen. Während des Krieges trug die Festung, vor allem das Schloss, erhebliche Schäden davon, aber nicht etwa durch feindlichen Beschuss, sondern durch den Vandalismus einquartierter Truppen. Seitdem benutzten die Poeler Bauern die Ruinen als Steinbruch, um mit dem Material ihre Häuser zu reparieren oder neue Häuser zu bauen.

Hauptort der Insel ist **Kirchdorf**, ein gepflegter Ort, in dem ungefähr die Hälfte der Inselbevölkerung lebt. Der Hafen ist nach wie vor ein Fischerhafen, aber auch eine bei Freizeitkapitänen beliebte Anlaufstelle.

Der Fischer- und Bootshafen von Kirchdorf.

Die Straße verläuft am Ortsrand von Kirchdorf, und nach wenigen hundert Metern halten wir uns am Ortsende an einer etwas verschobenen Kreuzung geradeaus in Richtung Gollwitz. Die Landstraße führt nach Vorwerk, einer kleinen Ortschaft, wo wir uns gleich am Ortsbeginn nach links wenden (Ausschilderung: Gollwitz). Wenige Minuten später biegen wir am Ortsbeginn von Gollwitz links ab (Schild: Kaltenhof 2,2 km) auf einen großen Parkplatz. Wer den Strand besuchen möchte: Weiter geradeaus durch den Ort (Abstecher hin und zurück 1 km).

Am Ende des Parkplatzes führt ein breiter Sand-Kies-Weg zwischen Feldern in den Ort Kaltenhof. Nach wenigen Metern folgen wir an einer Kreuzung halb rechts einem Fuß- und Radweg und halten uns auf einem Betonklinker-Sträßchen (Bernsteinweg) geradeaus durch den Ort. Wiederum auf einem Sand-Kies-Weg erreichen wir wenig später die Küste und die Siedlung Am Schwarzen Busch.

Info

An der Zufahrtstraße Kirchdorf – Am Schwarzen Busch, nur wenige hundert Meter vom Strand entfernt, befindet sich eine **Cap Arcona-Gedenkstätte**. Im Frühjahr 1945 wurden 28 Leichen an den Strand gespült, nur einige der über 7000 Menschen, die bei einer Katastrophe in der Lübecker Bucht ums Leben kamen. Anfang Mai 1945 wurden ungefähr 10 000 Häftlinge aus dem KZ Neuengamme bei Hamburg nach Lübeck getrieben und auf 4 Schiffe verfrachtet. Auf hoher See sollten die Häftlinge ermordet werden, damit sie nicht den Alliierten als Zeugen der Nazi-Gräuel in die Hände fielen. Eines der Transportschiffe war die „Cap Arcona". Als britische Jagdbomber den Lübecker Hafen angriffen, wurden die Schiffe entdeckt, aber erst Stunden später angegriffen, als von einem der Schiffe das Feuer eröffnet wurde. Ein Schiff sank sofort, die „Cap Arcona" wurde in Brand geschossen. Die meisten Häftlinge verbrannten. Diejenigen, die über Bord springen konnten und im Wasser trieben, wurden von den Besatzungen deutscher Küstenboote erschossen. Im Laufe der nächsten Tage wurden die Leichen an der Ostseeküste an Land gespült.

Vorbei an zwei Restaurants (Ausschilderung: Timmendorf 4,5 km) und mehreren Strandzugängen, fahren wir geradeaus weiter, nur wenige Meter vom Strand entfernt, und an einer Ferienhaussiedlung entlang. Am Ende der Siedlung wenden wir uns nach links in ein Sträßchen, das zwischen Ferienhäusern verläuft, und biegen nach 100 m rechts ab (Ausschilderung: Oertzenhof) auf einen Betonplatten-Weg. Nach 50 m gabelt sich der Weg. Geradeaus – nicht abbiegen in Richtung Oertzenhof! – fahren wir an einem Reetmoor vorbei und gelangen nach 3,5 km zur quer verlaufenden Straße Kirchdorf – Timmendorf Strand. Nach rechts erreichen wir kurz darauf den beliebten Badeort Timmendorf Strand und den Leuchtturm am kleinen Hafen.

Info

Am **Timmendorfer Hafen** steht das markante Wahrzeichen der Insel, der Leuchtturm. Die einst nur wenigen Fischer- und Bauernhäuser der alten, zu Timmendorf gehörenden Siedlung sind mittlerweile zwischen all den Neubauten schon kaum mehr wahrzunehmen. Neben den hier logierenden Touristen und einigen Freizeitkapitänen sind es vor allem die vielen Strandbesucher, die an Sommertagen für Trubel sorgen.

Auf der zeitweise stark befahrenen Straße kehren wir zurück und bleiben nun auf dieser Straße. Nach etwa 1 km erreichen wir das locker bebaute Straßendorf Timmendorf und halten uns im Ort In einer Linkskurve der Straße geradeaus (Ausschilderung: Hinter Wangern). Ein Betonplatten-Fahrweg führt in Richtung Südküste und mündet bei einem einzeln stehenden Gehöft in ein Sträßchen ein. Wer einen Abstecher zum Südstrand der Insel machen möchte, wendet sich nach rechts auf einen breiten, sandigen Fahrweg (hin und zurück gut 1 km).

Nach links führt das Sträßchen, vorbei am Gehöft Hinter Wangern, in die kleine Ortschaft Wangern, wo wir wieder auf die Insel-Hauptstraße stoßen. Ihr folgen wir nach rechts, passieren die Ortschaft Weitendorf und kehren, in geringer Entfernung zu der schmalen, langgestreckten Bucht Kirchsee, an unseren Ausgangspunkt zurück.

5

Grandioses Münster, mondänes Seebad: Kühlungsborn – Bad Doberan – Börgerende-Rethwisch – Bad Heiligendamm – Kühlungsborn

Gleich mehrere Höhepunkte hat diese Tour zu bieten: Kühlungsborn, das größte Seebad Mecklenburgs mit einer einzigartigen Vielzahl von Jugendstil-Villen. Bad Doberan mit seinem Münster, das alle Kriegswirren weitgehend heil überstand, mit einer alten, wunderschönen Allee und mit der ältesten deutschen Galopprennbahn; und das kleine, aber in höchstem Maße feine, exklusive Bad Heiligendamm, das älteste deutsche Seebad. Zu der monumentalen klassizistischen Architektur, ganz in Weiß gehalten, gibt es entlang der gesamten Ostseeküste nichts Vergleichbares.

Toureninfos

Karte S. 46

km 44 km; eine kurze Variante bis Bad Doberan und Rückfahrt mit der Dampf-Schmalspurbahn „Molli" ist 20 km lang; 31 km lang ist die Variante Kühlungsborn – Bad Doberan – Heiligendamm – Kühlungsborn.

START Ostseebad Kühlungsborn, Ortsteil Kühlungsborn West

P Parkplatz „Strand West" in Kühlungsborn-West in der Tannenstraße, zwischen Campingplatz und Beginn der Strandpromenade.

Bahnlinie Wismar – Rostock; umsteigen in Bad Doberan in die Bäderbahn (Schmalspurbahn) „Molli" nach Kühlungsborn.

Abwechslungsreiche Tour am Fuß des bewaldeten Höhenrükkens Kühlung: Ostseebäder mit Sandstränden, klassizistische Architektur in Bad Doberan und Heiligendamm, Jugendstil-Architektur in Kühlungsborn, gotisches Münster in Bad Doberan, reetgedeckte Höfe in den Dörfern. Mehrere leichte Anstiege bis

Bad Doberan; dann eben in einer ausgedehnten Feucht-Niederung mit dem Conventer See. Unterschiedliche Wegverhältnisse: Radstreifen an den Straßen in Kühlungsborn, Kopfsteinpflaster in Bad Doberan, asphaltierte Fuß- und Radwege, Sand-Kies-Wege, Betonplatten-Weg, verkehrsarme Straßen und Sträßchen in zumeist gutem Zustand.

Am südlichen Ortsrand von Kühlungsborn West auf Fuß-/Radweg neben der Straße zur Kreuzung am südlichen Ortsrand von Kühlungsborn Ost (hin und zurück 4 km); Radweg an der Straße Rethwisch – Börgerende (hin und zurück 7 km). Zwischen Bad Doberan und Heiligendamm ein Fuß- und Radweg auf der Dammchaussee, einer alten Allee (hin und zurück 9 km).

Mehrere Restaurants und Cafés in Kühlungsborn, einige an der Strandpromenade. – Je eine Gaststätte in Wittenbeck und in Ober Steffenshagen. – In Bad Doberan mehrere Restaurants, u. a. Restaurant-Café Weißer Pavillon mit Terrasse auf dem Kamp, einem dreieckigen Park in der Stadtmitte. – In Rethwisch das Hotel-Restaurant Kiebitz. – In Börgerende u. a. Restaurant Zum Fasan. – In Heiligendamm mehrere Restaurants, Cafés und Bistros, u. a. an der Strandpromenade. – Kurz nach Heiligendamm am Parkplatz beim Kinderstrand ein Bistro.

6 km langer Sandstrand von Kühlungsborn; Strände von Bad Heiligendamm und Börgerende.

In Kühlungsborn eine Heimatstube, Ostseeallee 18, Di–Sa 10–12 Uhr; Meerwasser-Schwimmhalle, Mo–Mi, Sa und So 10–18, Do und Fr 10–20 Uhr. – In Ober Steffenshagen ein Museumsdorf mit Bockwindmühle und Schmiede, für Besuchergruppen nach Absprache, Tel. 03 82 03/1 64 75. – In Bad Doberan das Münster, Mai–Sept Mo–Sa 9–18, So und Feiertag 11.30–18 Uhr, März, April und Okt Mo–Sa 10–17, So und Feiertag 11.30–17 Uhr, Nov–Feb Di–Sa 10–16 Uhr, So und Feiertag 11.30–16 Uhr, Führungen für Gruppen ab 5 Personen zwei- bis dreimal täglich, Juli/Aug öfters, Auskunft zu Führungen: Tel. 03 82 03/6 27 16; das Stadtmuseum Möckelhaus informiert über die Bäderkultur, Öffnungszeiten unter Tel. 03 82 03/6 21 54. – Ehm-Welk-Haus, Ausstellung zu Leben und Werk des Autors, Tel. 03 82 03/6 23 25 – Schmalspurbahn „Molli" Bad Doberan – Bad Heiligendamm – Kühlungsborn im Sommer täglich zehn- bis elfmal, Dauer ca. 40 Minuten. – Dorfkirche in Rethwisch, Juli und Aug Di und Do 10–12 Uhr.

i Touristik-Service, Ostseeallee 19, 18225 Ostseebad Kühlungsborn, Tel. 03 82 93/84 90, www.kuehlungsborn.de

Tourverlauf

Vom Parkplatz „Strand West" in Kühlungsborn West folgen wir nach rechts der Tannenstraße, d. h. wir entfernen uns von der Küste, folgen der Poststraße auf einem Radweg und geradeaus der Reriker Straße. Kurz vor Ortsende knickt die Reriker Straße rechts ab; hier folgen wir geradeaus der Wohnstraße Grüner Weg, die nach 100 m links abknickt und am Ortsrand entlangführt. Nach links auf einem Radweg an einer querlaufenden Straße erreichen wir eine Straßenkreuzung am südlichen Ortsrand von Kühlungsborn Ost.

Im Weißen Pavillon auf dem Kamp in Bad Doberan kann man einkehren.

Info

Kühlungsborn ist ein junger Ort. Aus zwei Dörfern, in denen vereinzelt seit 1899 Jugendstilvillen erbaut wurden, entstanden Kühlungsborn West und Kühlungsborn Ost, nachdem der bewaldete Küstenstreifen zwischen den beiden Dörfern im Jahr 1904 für die Bebauung freigegeben wurde. Nun begann ein regelrechter Bauboom: An der heutigen ca. 3 km langen Ostseeallee entstanden zahlreiche Hotels in der typischen Bäder-Architektur. Der 1. Weltkrieg unterbrach die Entwicklung, aber 1925–1940 erlebte Kühlungsborn eine Blütezeit, und in der DDR entwickelte sich Kühlungsborn zum größten Ostseebad der DDR. Heute ist Kühlungsborn das größte Seebad Mecklenburgs mit einer 5 km langen Strandpromenade.

Während in Kühlungsborn West die auffälligsten Jugendstil-Gebäude stehen, u. a. die Villa Baltic – gleich dahinter eine Meerwasser-Schwimmhalle –, verfügt Kühlungsborn Ost über eine 240 m lange Seebrücke, an der die Ausflugsschiffe nach Grömitz an der schleswig-holsteinischen Küste und nach Warnemünde ablegen. Etwas weiter östlich wurde ein großer Yachthafen angelegt.

An der Straßenkreuzung halten wir uns geradeaus und folgen einem Fuß- und Radweg an einer neuen Umgehungsstraße. Am Ende des Radwegs überqueren wir die Straße, fahren auf der alten Straße (Pfarrweg) zwischen einigen Häusern hindurch und stoßen auf die Umgehungsstraße, die nun wieder mit einem Radweg versehen ist. Auf einer querlaufenden Landstraße wenden wir uns nach rechts, und bei einigen zu Wittenbeck gehörigen Häusern geht der Radweg in einen holprigen Betonplatten-Fuß-/Radweg über.

Bei den letzten Häusern, in einer Linkskurve der Straße, halten wir uns geradeaus in eine Wohnstraße (Waldstraße), die wenig später in einen sandigen Waldweg übergeht. Der Weg verbreitert sich und mündet in eine Landstraße ein. Wir kreuzen die Straße und folgen der alten, schmalen Ortsdurchfahrt in leichtem Auf und Ab durch das Straßendorf Nieder Steffenshagen. Nach 1 km stoßen wir wieder auf die oben erwähnte Straße und folgen ihr nach links durch das weit auseinander gezogene Straßendorf Ober Steffenshagen. Mitten im Ort passieren wir die Backstein-Dorfkirche. 400 m nach einem kleinen Museumsdorf fahren wir links an der Straße auf der mit Klinkerbelag versehenen Dorfstraße und biegen kurz darauf links ab auf ein Landsträßchen, das zwischen Feldern und Viehweiden erstaunlich steil durch eine Senke führt nach Brodhagen.

Am Ortsanfang – mit Rastplatz – wenden wir uns nach links (Ausschilderung: Bad Doberan) und biegen nach den letzten Häusern links ab in den Doberaner Weg, einen anfangs asphaltierten Fuß- und Radweg. Ein querlaufender Weg führt nach rechts zunächst am Waldrand entlang, dann im Wald zum Stadtrand von Bad Doberan.

Info

Bad Doberan ist ein interessantes Städtchen mit klassizistischen Gebäuden an der dreieckigen Grünanlage Kamp und mit dem mächtigen Münster, einst Klosterkirche eines weitgehend verschwundenen Zisterzienserklosters.

Der mecklenburgische Herzog Friedrich Franz erwählte sich Doberan zu seinem Sommersitz und ließ den Ort um das Jahr 1800 in **klassizistischer Architektur** verändern. Aus dem einstigen Dorfanger wurde die kleine Parkanlage Kamp mit dem Roten Pavillon – heute Kunstausstellung – und dem weißen Pavillon – heute Bistro/Café -, an den Straßen um den Kamp entstanden u. a. das herzogliche Palais, heute ein Hotel, und das Salongebäude, heute Kreisverwaltung.

Östlich des Stadtzentrums befindet sich das gotische **Münster** aus dem 14. Jahrhundert mit den Grablegen der Landesherren. Vom alten Kloster ist nicht allzu viel übrig geblieben: die Klostermauer, ein Beinhaus hinter dem Münster und ein Wirtschaftsgebäude. Das Münster jedoch, die ehemalige Klosterkirche mit dem hohen, spitzen Dachreiter – ein auf das Kirchengebäude aufgesetztes Türmchen kennzeichnet Zisterzienserklöster – überstand die Jahrhunderte recht gut. Die Klostergründung fand in der 2. Hälfte des 12. Jahrhunderts statt, inmitten einer sumpfig-moorigen Einöde. Im 15. Jahrhundert wird das Kloster als reichstes norddeutsches Kloster bezeichnet. Wohl zu recht, denn Schenkungen durch den Landesherren, den Adel und auch durch hanseatische Kaufleute vergrößerten den Klosterbesitz ganz erheblich. Dieser Reichtum ist im Münster deutlich zu sehen, u. a. an einem vergoldeten Flügelaltar, an einem von der Decke herabhängenden Kreuz und am Chorgestühl.

Mit dem Aufstieg Doberans zur Sommerresidenz des Landesherrn begann auch die Badekultur an der Ostsee. Der Leibarzt des Herzogs empfahl Bäder im Meer als gesundheitsfördernd, und so fuhr die ganze Hofgesellschaft im Jahr 1793 an den Strand beim heutigen **Bad Heiligendamm**. Dieser Vorgang wird als Gründungsjahr von Heiligendamm angesehen. Der Schicklichkeit wegen badete man zunächst voll bekleidet unter Zelten – sie dienten als Schutz vor neugierigen Blicken –, die im seichten Wasser aufgestellt worden waren. Zwanzig Jahre später wurde das Kurhaus als erstes Gebäude errichtet und ist somit die Keimzelle des klassizistischen Gebäude-Ensembles von Heiligendamm.

Die nun folgenden Badefahrten von Doberan nach Heiligendamm erforderten einen standesgemäßen Zufahrtsweg. Die damals angelegte **Lindenallee**, die heutige Dammchaussee, gehört mit ihren riesigen Bäumen zu den schönsten Alleen in Mecklenburg-Vorpommern.

Ein nettes Erlebnis ist die **Schmalspurbahn „Molli",** die Mecklenburgische Bäderbahn. Sei es, dass man lediglich zusieht, wie „Molli" mitten auf der Straße durch das Zentrum von Bad Doberan dampft, sei es, dass man die gut 15 km lange Fahrt bis Kühlungsborn selbst mitmacht. Die im Jahr 1886 eröffnete Bahnlinie endete zunächst in Heiligendamm, wurde aber 1910 wegen des wachsenden Ansturms von Badegästen bis Kühlungsborn verlängert.

Geradeaus radeln wir in die Stadt zum Marktplatz, überqueren die Gleise der Schmalspurbahn „Molli" und passieren die Grünanlage Kamp, die umstanden ist von mehreren klassizistischen Gebäuden. Halb links folgen wir der Beethovenstraße und der ersten rechts abzweigenden Straße – hier das Möckelhaus – zum Münster.

Tipp

Variante 1: Wer die Radtour mit einer „Molli"-Fahrt verbinden möchte, beendet die Tour in Bad Doberan. Nach rechts entlang der Gleise durch die Mollistraße zur Bahn-Haltestelle Stadtmitte; Länge der Radtour 20 km.

Variante 2: Wer per Fahrrad auf direktem Weg über Heiligendamm nach Kühlungsborn zurückkehren möchte: In Bad Doberan den Gleisen nach links folgen, nach 700 m erneut nach links auf asphaltiertem Radweg an der Dammchaussee, der alten Lindenallee; Länge der Radtour 31 km.

Geradeaus fahren wir am Münster vorbei und wenden uns sofort nach dem Tor in der Kloster-Umfassungsmauer nach links; den breiten Gehweg benutzen, denn die Straße ist stark befahren! Die Straße macht eine scharfe Rechtskurve, und 250 m nach dieser Kurve biegen wir links ab auf das abgeschrankte Sträßchen Walkenhäger Weg. Wenig später kreuzen wir eine Umgehungsstraße und folgen einem Betonplatten-Fahrweg (Ausschilderung: Neu Rethwisch) in der Conventer Niederung zwischen Viehweiden und Wassergräben.

Nach 2 km halten wir uns auf einem Sträßchen geradeaus, passieren einige reetgedeckte Wohn- und Bauernhäuser des Straßendorfs Neu Rethwisch und biegen links ab in die breite Schulstraße. Vorbei an einigen schönen, großen Gehöften, Niederdeutschen Hallenhäusern, erreichen wir die Dorfkirche von Rethwisch und eine Straßenkreuzung. Geradeaus und nun auf einem Radweg neben der Straße fahren wir durch das langgestreckte Straßendorf Börgerende – auch hier einige große Höfe -, wenden uns auf dem quer verlaufenden Küstensträßchen nach links und passieren die Jemnitzer Schleuse. An mehreren Stellen ist über den mit Felsbrocken befestigten Küstendeich der Strand zugänglich.

Am Ortsbeginn von Bad Heiligendamm entfernen wir uns von der Küste, denn die Strandpromenade von Heiligendamm ist für Radfahrer gesperrt: Nach links in die Seedeichstraße, nach 400 m rechts auf einen Waldweg (Ausschilderung: Bahnhof, Ostsee-Radweg); anschließend die Kühlungsborner Straße kreuzen, vorbei an der „Molli"-Haltestelle, die in einem Bogen verlaufende Kühlungsborner Straße nochmals kreuzen und auf einer Waldstraße zur Küste. Zuvor aber lohnt das „alte" Heiligendamm einen Besuch: Wo wir den Wald verlassen, nach rechts auf der Kühlungsborner Straße zum Kurhaus.

Info

Der Kern des Heilbads **Bad Heiligendamm** (siehe auch oben unter „Info Bad Doberan), des ältesten deutschen Seebads, besteht aus großen, klassizistischen Gebäuden, die alle in vornehmem Weiß gehalten sind. Den zentralen Teil bilden mehrere Gebäude, die zum Grand Hotel Kempinski, einem Luxushotel erster Güte, ausgebaut wurden. Nahe der Seebrücke steht das an einen griechisch-römischen Tempel erinnernde Kurhaus mit Café. Erst teilweise renovierte Kolonnaden in der Prof.-Dr.-Vogel-Straße, die Median-Klinik und eine Reihe derzeit noch renovierungsbedürftiger Villen ergänzen das Gebäude-Ensemble.

Die Straße endet kurz vor der Küste, und auf einem breiten Fuß- und Radweg durch Wald und entlang der Küste gelangen wir nach Kühlungsborn Ost. Da hier die Strandpromenade Fußgängern vorbehalten ist, folgen wir auf Höhe der Seebrücke nach links der Strandstraße und biegen an einem Kreisverkehr rechts ab in die Ostseeallee. In Kühlungsborn West halten wir uns geradeaus auf der breiten Strandpromenade – Rad fahren erlaubt –, und in der sich anschließenden Tannenstraße kehren wir an unseren Ausgangspunkt zurück.

6

In die Zentrale des Bernsteins: Graal-Müritz – Freilichtmuseum Klockenhagen – Ribnitz-Damgarten – Graal-Müritz

Diese bequeme Tour von der Ostseeküste zum Ufer des Boddens Ribnitzer See eignet sich gut für warme Tage, führt sie doch über weite Strecken durch ein Waldgebiet, das zur ausgedehnten Rostocker Heide gehört. An der Strecke liegen drei Museen: das Freilichtmuseum Klockenhagen, das Deutsche Bernsteinmuseum in Ribnitz-Damgarten und ein Pilz-, Insekten- und Vogelmuseum in Neuheide.

Toureninfos

Karte S. 50

km 31 km

START Seeheilbad Graal-Müritz

P Bei Anfahrt aus Richtung Ribnitz-Damgarten/Klockenhagen: Etwa 1 km nach Ortsbeginn mehrere gebührenfreie Parkbuchten an der Straße.

Graal-Müritz hat Bahnanschluss nach Rövershagen, das Station ist an der Linie Rostock – Stralsund.

Leichte Tour ohne Anstiege; zu Beginn und am Ende der Tour jeweils auf mehrere Kilometer Länge durch ein Waldgebiet. Unterschiedliche Qualität der Wege: moderner Klinkerweg, aphaltierter Fuß- und Radweg, Sand-Kies-Wege, Betonplatten-Weg, Asphaltstraßen, Kopfsteinpflaster in Ribnitz.

In Graal-Müritz, Ortsteil Müritz, Klinker-Fuß-/Radweg an der Durchfahrtsstraße (hin und zurück ca. 3 km).

Mehrere Restaurants und Cafés in Graal-Müritz, u. a. im Ortsteil Müritz, nahe an der Radstrecke, das Café Witt mit schönem

Garten. – In Neu Hirschburg (kurzer Abstecher) Restaurant und Café. – Im Freilichtmuseum Klockenhagen eine Museumsgaststätte – In Ribnitz-Damgarten, Ortsteil Ribnitz, mehrere Restaurants, u. a. am Hafen das Fischrestaurant „Meeresbufett" mit Terrasse. – In Neuheide beim Pilzmuseum ein Kiosk.

Mehrere Kilometer langer Sandstrand von Graal-Müritz; Kur- und Freizeitzentrum Aquadrom in Graal-Müritz; Bodden-Therme in Ribnitz-Damgarten.

In Graal-Müritz ein Rhododendronpark, ganzjährig geöffnet; Auskunft zu Führungen: Tel. 03 82 06/70 30; Aquadrom, Auskunft: Tel. 03 82 06/8 79 00 – Freilichtmuseum Klockenhagen, April–Okt täglich 9–17 Uhr. – In Ribnitz-Damgarten das Deutsche Bernsteinmuseum, April–Okt täglich 9.30–18 Uhr, Nov–März Mi–So 9.30–17 Uhr; in Damgarten die Schaumanufaktur Ostsee-Schmuck, Bernstein-Verkaufsausstellung, Mo–Fr 9.30–18 Uhr, Sa 9.30–16 Uhr; Bodden-Therme, Di–Fr 14–22 Uhr, Sa/So und feiertags 10–22 Uhr. – In Neuheide das Informationszentrum „Wald und Moor", Mai–Okt Mi–So 9–12, 13–17 Uhr; Pilz-, Insekten- und Vogelmuseum, Mai–Okt Di–So 9–17 Uhr, Nov–April Di–Fr 14–17, Sa 9–17, So 9–11.30 Uhr; Schaupräparation im Sommer, nur vormittags Di–Fr.

Fremdenverkehrsverein, Rostocker Str. 3, 18181 Graal-Müritz, Tel. 03 82 06/70 30, www.graal-mueritz.de

Tourverlauf

Von unserem Parkplatz an der Durchfahrtstraße in Graal-Müritz fahren wir auf einem Klinker-Fuß-/Radweg an der Durchgangsstraße in südliche Richtung, also in Richtung Bahnhof/Graal/Rostock.

Info

Das Seeheilbad **Graal-Müritz,** das erste einer ganzen Reihe von Seebädern, die sich nördlich von Rostock entlang der Ostseeküste aneinanderreihen, liegt am südlichen Beginn der Halbinsel Fischland-Darss-Zingst. Es ist eines der ruhigeren Seebäder für diejenigen, die allzu großen Trubel vermeiden möchten. Hauptanziehungspunkt ist der für Norddeutschland einzigartige Rhododendron-Park, in dem im Mai und Juni über 60 Arten von Rhododendron in ihren unterschiedlichen Blütenfarben zu bewundern sind. Eine kleine Abwechslung für Strand-Spaziergänger stellt die Seebrücke dar.

Kurz vor dem Bahnhof biegen wir scharf links ab in die Wohnstraße Graaler Landweg, halten uns am Ortsrand geradeaus auf einen abgeschrankten Waldweg und biegen nach 1 km rechts ab. Dieser Waldweg, die Natheichenschneise, verläuft auf 2 km Länge schnurgerade und mündet nach mehreren Kurven in ein querlaufendes Waldsträßchen ein. Nach links führt das Sträßchen zum Waldrand und zu den wenigen Häusern von Neu Hirschburg.

Im Ort biegen wir rechts ab auf ein Asphaltsträßchen, das recht bequem zwischen Feldern und Wiesen verläuft. An einer ersten Kreuzung mit einem Wirtschaftsweg halten wir uns geradeaus und wenden uns nach etwas mehr als 2 km an der zweiten Kreuzung – linker Hand ein betonierter Parkplatz – nach links. Ein breiter Sand-Kies-Weg führt schnurgerade zum Freilichtmuseum Klockenhagen.

Info

Mehrere große, reetgedeckte Bauernhöfe bzw. Scheunen, kleine Katen und eine Dorfkirche mit frei stehendem Glockenstuhl, ein Dorf-Backofen und eine Räucherei – beide werden Mitte Mai bis Mitte Oktober an jedem zweiten Wochenende angeheizt, anschließend Verkauf der Produkte –, eine Bockwindmühle, eine Schmiede und ein Spritzenhaus stehen auf dem weitläufigen Gelände des **Freilichtmuseums Klockenhagen**. Ergänzt wird das „Dorf" durch einen Dorfladen mit altem Spielzeug, Süßigkeiten und Souvenirs, durch einen Bauerngarten und ein Getreidefeld. Einige Haustiere – Enten, Gänse und Hühner, Schafe und Pferde – beleben das Gelände. Und wer Hunger oder Durst verspürt: In einem alten Gebäude ist die Gaststätte „Up dei Däl" eingerichtet.

Bei den teilweise aus dem 17. Jahrhundert stammenden Bauernhöfen handelt es sich um verschiedene Ausprägungen des „Niederdeutschen Hallenhauses": Unter einem Dach sind an einer Längs- oder Querdiele, in die man oft mit einem Fuhrwerk hineinfahren konnte, die Räume angeordnet: Wohn- und Schlafzimmer, Herdraum, Ställe, Futterlager bzw. die Werkstatt eines Handwerkers.

Recht aufschlussreich ist in einem der Gebäude eine Dokumentation zur massenhaften **Auswanderung** im 19. Jahrhundert aus Mecklenburg nach Nordamerika und ein Vergleich mit der derzeitigen „Auswanderung" in die „alten" Länder der Bundesrepublik.

In Klockenhagen folgen wir nach rechts der Hauptstraße, wenden uns am Ortsende an einer Straßenkreuzung erneut nach rechts in Richtung Rostock und biegen nach 250 m links ab. Auf einem Radweg an der Straße fahren wir durch ein kleines Gewerbegebiet; zunächst durch eine Rechtskurve, dann durch eine Linkskurve. Die Straße knickt nochmals rechts ab, wir aber halten uns geradeaus auf eine Sand-Kies-Straße, die in ein asphaltiertes Sträßchen übergeht. Bei der Ortschaft Borg überqueren wir die B 105 Rostock – Stralsund, kreuzen wenig später eine Bahnlinie und fahren durch den Weiler Neuhof. Bei den wenigen Häusern von Petersdorf biegen wir links ab auf den Rostocker Landweg (Ausschilderung: Zum Radfernweg) und erreichen den Stadtrand von Ribnitz-Damgarten.

Info

Den größeren Ortsteil von **Ribnitz-Damgarten**, das erst im Jahr 1950 aus Ribnitz und Damgarten entstand, stellt Ribnitz dar, ein im Jahr 1233 urkundlich erstmals erwähntes Hafenstädtchen am Ribnitzer See, einer Bucht des Saaler Boddens. Zugleich war Ribnitz mecklenburgischer Grenzort westlich des Flusses Recknitz, der Grenze zwischen Mecklenburg und Pommern. Östlich der Recknitz erfolgte wenige Jahrzehnte später die Stadtgründung des pommerschen Damgarten, das als Grenz-Gegenstück zu Ribnitz gedacht war. Der Volksüberlieferung zufolge soll Ribnitz im 14. Jahrhundert ein Seeräubernest gewesen sein, soll Klaus Störtebeker hier zeitweise sein Piraten-Hauptquartier gehabt haben. Störtebeker, der angeblich in Ruschvitz auf der Insel Rügen geboren wurde – etwa ein Dutzend Orte beansprucht, Störtebekers Geburtsort zu sein –, machte die Seewege der Hanse unsicher und kaperte Hansekoggen. Nach seiner Gefangennahme wurde er 1401/02 in Hamburg hingerichtet.

Sehr zu empfehlen ist ein Besuch des **Deutschen Bernsteinmuseums**, das am Rand der Altstadt in einer ehemaligen Klosteranlage eingerichtet wurde. Das Museum verfügt über Deutschlands größte Sammlung von Bernstein, auch als „Gold des Nordens" oder „Gold des Meeres" bezeichnet. Faszinierend sind zum einen die Einschlüsse von Kleinlebewesen, die vor Millionen von Jahren vom flüssigen Harz gefangen wurden, zum andern die Kunstwerke aus Bernstein, die vor allem aus dem 16./17. und 20. Jhdt. stammen. Große Liebhaber von Bernstein waren die preußischen Könige, deren Auftragsarbeiten die Bernstein-Verarbeitung in Ribnitz zum Blühen brachte. Bekanntestes Beispiel ist das seit dem 2. Weltkrieg verschwundene „Bernsteinzimmer", das sich der Preußenkönig Friedrich I. herstellen ließ, im Jahr 1716 aber dem russischen Zaren Peter I. zum Geschenk machte. Angeschlossen an das Museum ist eine Demonstrationswerkstatt, in der die Techniken der Verarbeitung vorgeführt werden, in der aber auch der Besucher die Möglichkeit erhält, selbst ein Stück Bernstein zu bearbeiten.

Ebenfalls im ehemaligen Kloster, im Chorsaal, befinden sich eine Sammlung von Altarfiguren, die so genannten **Ribnitzer Madonnen**, und eine Kunstgalerie.

Am Stadtrand halten wir uns geradeaus, in einer Linkskurve der Straße weiter geradeaus in der Straße der Solidarität. Die Straße knickt links ab, und nach rechts fahren wir durch eine Unterführung (Radmarkierung: Bahnhof) und entlang der Klosterwiese zu einer Straßenkreuzung. Hier steht rechter Hand das ehemalige Klarenkloster, in dem das Deutsche Bernsteinmuseum eingerichtet wurde. Geradeaus auf Kopfsteinpflaster steigen wir leicht an zum Marktplatz mit der Marienkirche. Wir halten uns rechts, biegen gleich wieder links ab und gelangen hinunter zur Uferstraße und zum Hafengelände.

Nach links folgen wir einem Klinker-Radweg neben der Ortsdurchfahrt, und wo die Straße nach links führt, halten wir uns auf einem Fuß- und Radweg geradeaus (Ausschilderung: Bodden-Rad-Wanderweg). Zunächst radeln wir am Ufer des Bodden entlang, müssen zur Überquerung des Körkwitzer Bachs kurz auf die Straße und fahren am Ortsrand von Körkwitz, dann am Waldrand entlang. An einer Kläranlage biegen wir links ab auf ein Betonklinker-Waldsträßchen und wenden uns nach einigen hundert Metern auf der Durchgangsstraße Ribnitz – Diergarten (zeitweise stark befahren; kein Radweg!) nach links, biegen aber schon nach 100 m scharf rechts ab auf einen Betonplatten-Forstweg, den Ribnitzer Landweg. Nach 1,5 km kreuzen wir die Durchgangsstraße Klockenhagen – Dierhagen und gelangen auf einer schnurgeraden, ruhigen und schattigen Waldstraße zu den wenigen Häusern von Neuheide.

Info

In **Neuheide** befindet sich ein **Pilz-, Insekten- und Vogelmuseum**, in dem zahlreiche Pilze, wunderschöne Schmetterlinge und unterschiedlichste heimische Vogelarten und Säugetiere gezeigt werden. Der Besitzer ist Präparator, so dass der Besucher auch bei der Präparation zusehen kann (nur vormittags).

Im nahe gelegenen **Informationszentrum „Wald und Moor"** werden zahlreiche Einzelthemen zu den unterschiedlichen Bereichen Wald, Moor, Gewässer und Tiere mit Schautafeln und Foto-Dokumentationen dargestellt, beispiels-

Reetgedecktes Bauernhaus im Freilichtmuseum Klockenhagen.

weise das Ribnitzer Moor, Sturmhochwasser, essbare Waldfrüchte, Giftpflanzen, Wasser-, Sing- und Greifvögel, einheimische Spinnen, Tierpräparate und vieles mehr.

Auf der nun für Kfz gesperrten Waldstraße fahren wir geradeaus weiter und stoßen beim Weiler Klein Müritz auf die Straße Klockenhagen – Graal-Müritz. Weiter geradeaus folgen wir einem Fuß- und Radweg neben der Straße. Zunächst verläuft der Weg rechts, dann links der Straße. Nach etwa 2 km erreichen wir den Ortsrand von Graal-Müritz und kehren an unseren Ausgangspunkt zurück.

7

Vom Fischland auf den Darss: Wustrow – Althagen – Born – Ahrenshoop – Wustrow

Wustrow und das „Künstlerdorf" Ahrenshoop auf dem Fischland, der maximal 2,5 km breiten Landverbindung zwischen dem Festland und dem Darss, sind sowohl Seebäder als auch Hafenorte. Das Baden findet an der Ostsee statt, während der jeweilige Hafen am Binnengewässer Saaler Bodden liegt. Lebhaft geht es zu sowohl im Hafen von Wustrow, als auch in Althagen, dem Hafen von Ahrenshoop, während Born, ein hübscher Hafenort am Bodden, recht ruhig ist.

Toureninfos

Karte S. 59

km 35 km.

START Wustrow, Seebad und Hafenort.

P Gebührenpflichtiger Parkplatz am Hafen von Wustrow.

Traditionelle Fischerboote, so genannte Zeesenboote, im Hafen von Wustrow.

Bequeme, abwechslungsreiche Tour: Der erste Abschnitt entlang dem Saaler Bodden, der zweite Abschnitt schattig im Darsser Wald, der letzte Abschnitt entlang der Ostseeküste mit Zugängen zum Sandstrand. Innerörtlich überwiegend Asphalt- und Klinkerstraßen oder Radweg an Straße, in Althagen raues Kopfsteinpflaster; Betonplatten-Weg, mehrere Abschnitte auf Sand-Kies-Wegen; zwischen Althagen und Born auf niederem, schmalem Deich, entlang der Ostseeküste vorwiegend auf breitem Küstendeich mit einem Klinker-Fuß-/Radweg.

Asphaltierter Fuß- und Radweg auf dem Küstendeich zwischen dem nördlichen Ortsende von Ahrenshoop und derjenigen Stelle im Darsser Wald, wo der Radweg sich von der Küste entfernt (hin und zurück ca. 6 km). Vom südlichen Ortsrand Wustrow auf dem Küstendeich bis Dierhagen (hin und zurück ca. 8,5 km).

Restaurants und Cafés in Wustrow; am Hafen ein Restaurant mit Terrasse und ein Kiosk. – In Althagen am Hafen ein Fischrestaurant und ein Fisch-Imbiss. – In Born mehrere Restaurants-Cafés, am Hafen ein Fisch-Imbiss. – In Ahrenshoop Restaurants und Cafés, u. a. am Ortsende (in Richtung Wustrow) das an der Kante der Steilküste gelegene Café „Buhne 12" mit Gartenterrasse, tägl. außer Mo 12–23 Uhr.

Beim Campingplatz von Born Bademöglichkeit im Saaler Bodden; mehrere Kilometer langer Sandstrand zwischen dem Darsser Wald (nördlich von Ahrenshoop) und Wustrow.

In Wustrow das „Fischlandhaus" (Museum und Kulturhaus), Do–Di 13–17 Uhr; Zeesbootfahrten ab Hafen, mehrmals tägl., Dauer 1.30 Stunde, Reservierung Tel. 03 82 20/6 03 65; Bodden-Schiffsrundfahrten ab Wustrow, Auskunft: Fahrgastbetrieb Kruse und Voß, Tel. 03 82 20/5 88, www.boddenschifffahrt.de; – „Kunstscheune" in Barnstorf mit wechselnden Ausstellungen, Mitte Juni–Mitte Sept täglich 10–12 und 16–18 Uhr. – Bodden-Schiffsrundfahrt ab Althagen, Mitte Juni–Mitte Sept um 12 Uhr, Mitte Sept–Mitte Okt 13 Uhr. – In Born ein Forst- und Jagdmuseum, Mai–Okt tägl. 10–16 Uhr, April/Nov/Dez Mo–Fr 10–16 Uhr; Nationalpark-Infozentrum mit „Erlebnis"-

Ausstellung, ganzjährig tägl. 10–16 Uhr. – In Ahrenshoop Kunstausstellungen, u. a. im „Kunstkaten", ganzjährig tägl. 10–13 und 14–17 Uhr; Auskunft zu weiteren Ausstellungen und Kunstgalerien: Tel. 03 82 20/6 66 60, www.ostseebad-ahrenshoop.de

Kurverwaltung, Ernst-Thälmann-Str. 11, 18347 Wustrow, Tel. 03 82 20/2 51, www.ostseebad-wustrow.de

Tourverlauf

Wir beginnen unsere Tour am lebhaften kleinen Hafen von Wustrow und folgen einem Sträßchen, das in östliche Richtung – also weg vom Ort – in geringer Entfernung zum Ufer des Saaler Bodden verläuft.

Info

Wustrow, der älteste Ort auf dem Fischland, besteht aus dem alten Ort mit Kirche, Hafen, Seemanns- und Kapitänshäusern, und aus einem neueren Ortsteil, der zum Strand an der Ostseeküste hin orientiert ist. Hier wurde eine Seebrükke gebaut, hier befinden sich Gaststätten, Kioske, Hotels und Pensionen. Nicht weit von der Kirche entfernt stehen **Kapitänshäuser** mit geschnitzten und bunt bemalten Haustüren, u. a. das Fischlandhaus, und reetgedeckte **Katen;** wer sich von hoch oben einen Überblick über Fischland und den Saaler Bodden verschaffen möchte, muss im Kirchturm hochsteigen zum Umgang.

Am Ortsrand von Wustrow wenden wir uns nach rechts auf einen Betonplatten-Fahrweg und erreichen das kleine Barnstorf mit einigen malerischen, reetgedeckten Höfen. Am Ortsende führt ein Sand-Kies-Weg entlang dem Bodden-Ufer zunächst zur Landspitze Hoher Ort und in nördliche Richtung weiter nach Niehagen.

Am Ortsbeginn biegen wir rechts ab in die Straße Bauernreihe und wenden uns nach links in die Bäderstraße, die in die Durchgangsstraße Wustrow – Prerow einmündet. Nach rechts folgen wir einem Radweg an der Straße 200 m weit und, erneut nach rechts, der Wohnstraße „Weg zum Kiel" (Ausschilderung: Ahrenshoop, Born). Entlang dem Bodden-Ufer und einer Reihe einzeln stehender Häuser gelangen wir nach Althagen und halten uns an einer Kreuzung rechts zum kleinen Hafen.

Info

Im Hafen von **Althagen**, einem Ortsteil von Ahrenshoop, geht es an einem schönen Sommertag sehr lebhaft zu. Auto-Touristen und die Besatzungen von Freizeitbooten, vor allem aber Radler wählen den Hafen gern als Ziel eines Tagesausflugs. Kein Wunder, kann man doch von den im Freien stehenden Tischen einer Gaststätte das Treiben im Hafen beobachten. Interessant wird es vor allem, wenn ein Zeesboot für eine kleine Rundfahrt vorbereitet wird.

Zwischen dem Hafenbecken und dem Restaurant fahren wir geradeaus auf das Bodden-Ufer zu und folgen einem nicht allzu breiten Fuß- und Radweg, der auf einem niederen Deich zwischen Entwässerungskanälen und entlang dem Schilfufer des Bodden verläuft.

Tipp

Eine bequemere, aber weniger schöne **Variante**: In Althagen an oben genannter Kreuzung geradeaus auf einem als Ostsee-Fernradweg ausgeschilderten, über weite Strecken schnurgeraden Wirtschaftsweg nach Born.

Kurz vor Born – wir haben Fischland hinter uns gelassen und befinden uns nun auf dem Darss – schieben wir unsere Fahrräder durch einen Campingplatz und folgen nach rechts einer modernen Pflasterstraße (Ausschilderung: Born, Prerow). Nach wenigen Metern knickt die Straße links ab und führt in das Dorf Born.

Buhnen schützen den Strand von Ahrenshoop.

Info

Der ruhige Erholungsort **Born** ist ein weit auseinander gezogener Ort mit schönen reetgedeckten Häusern, alten Bauernhäusern, Kapitänshäusern und Katen. Der recht ruhige Haupthafen ist Anlegestelle von Fähr- und Rundfahrtschiffen; Mitten im Ort, an der Chausseestraße, steht die frühere Oberförsterei, in der sowohl ein **Forst- und Jagdmuseum,** das einen Einblick gewährt in die Arbeit der Darsser Förster, als auch eine **Nationalpark-„Erlebnis"-Ausstellung** eingerichtet wurden. Diese Ausstellung ist zum Sehen und Fühlen, also ganz interessant für Kinder.

Auf Höhe eines kleinen Hafens wenden wir uns an einer Straßengabelung nach rechts (Schild: Sackgasse, Räder frei) und erreichen den Haupthafen. Holpriges Kopfsteinpflaster zwingt uns auf den Klinker-Gehweg (Radfahren erlaubt!), so dass es bei einer Begegnung mit

Fußgängern etwas eng wird. Wir passieren ein Forst- und Jagdmuseum und wenden uns wenig später an einer Straßengabelung nach links. Hier befinden sich linker Hand die Kurverwaltung und eine kleine Freilichtbühne. Am Ortsrand kreuzen wir die Insel-Hauptstraße – Vorsicht: kein Zebrastreifen; zeitweise starker Verkehr! – und sind nun im Darsser Wald, einem über weite Strecken sehr urigen Wald (Ausschilderung: Großer Stern, Leuchtturm).

Info

Der Teil von **Darss**, in dem wir uns nun bewegen, der Altdarss, war einst eine nur wenige Quadratkilometer große Insel. Das durch die Ostsee angeschwemmte Material am West- und Nordufer und die Eindeichung der Uferzonen am Bodden erweiterten den Darss zur heutigen Größe und verwandelten ihn in eine mit Fischland und Zingst zusammengewachsene Halbinsel.

Der größte Teil des Darss wurde in den **Nationalpark Vorpommersche Boddenlandschaft** einbezogen; lediglich der schmale Landstreifen entlang dem Bodden-Ufer mit den Orten Born, Wieck und Prerow blieb außerhalb des Nationalparks.

Der Darsser Wald war schon immer ein beliebtes Jagdrevier der Landesherren, auch späterer Machthaber, vom Nationalsozialisten Hermann Göring bis zur Politprominenz der DDR. Im Nachhinein betrachtet ein glücklicher Umstand, denn dank des Verbots einer Bewirtschaftung konnte sich der Wald über viele Jahrzehnte ungestört zu einem „Urwald" entwickeln.

Ein sandiger Fuß- und Radweg – Achtung: Fußgänger- und Radfahrer-Gegenverkehr! – windet sich neben einem Reitweg zwischen den Bäumen hindurch stets geradeaus zur Wegkreuzung Großer Stern, an der sechs Wege zusammenlaufen. Bei der Schutzhütte sind einige niedere Erhebungen bzw. Rinnen zu sehen: Es handelt sich um die einstige Uferlinie der ursprünglichen Insel.

Halb links folgen wir einem breiten Sand-Kiesweg (Ausschilderung: Parkplatz Drei Eichen, Weststrand), der in einen Betonplatten-Weg übergeht. Nach 3 km, kurz vor dem Parkplatz Drei Eichen, wenden wir uns an einer Wegkreuzung nach rechts (Ausschilderung: Weststrand) und erreichen den Küstendeich. Auf der Deichkrone verläuft ein asphaltierter Fuß- und Radweg, auf dem zahlreiche Spaziergänger, Radfahrer und Inline-skater unterwegs sind. Nach links gelangen wir zunächst durch Wald, anschließend im freien Gelände und vorbei an zahlreichen Strandzugängen nach Ahrenshoop.

Info

Das Seebad **Ahrenshoop** gilt mit seinen zahlreichen reetgedeckten Gebäuden als schönster Ort auf der Halbinsel Fischland-Darss-Zingst. Im 18. Jhdt. ließen sich auf Fischland einige Fischer und Seeleute nieder, aber schon gegen Ende des 19. Jhdts. „entdeckten" Künstler diesen Ort. Vermutlich, weil die Küste hier nicht nur ein kilometerlanger, eintöniger Sandstrand ist, sondern weil es hier auch eine Steilküste gibt und Malern somit mehr und interessantere Motive bot. Außerdem entstand um die Wende vom 19. zum 20. Jhdt. unter Schriftstellern und Künstlern aus Norddeutschland eine neue Mode: Man verbrachte seine Ferienzeit im Kreise Gleichgesinnter an der Ostsee oder verlegte gar seinen Wohnsitz an die Küste (siehe hierzu auch Tour 10, Hiddensee). Immer mehr Künstler zogen hierher, so dass sich Ahrenshoop zu einem **„Künstlerdorf"** entwickelte.

Grundlage für das schöne Ortsbild waren diejenigen Häuser, die sich Künstler im Laufe mehrerer Jahrzehnte unkonventionell, aber mit traditionellen Materialien erbauen ließen. Schöne Beispiele dieser Bauweise sind der **Kunstkaten** aus dem Jahr 1909, der als Ausstellungshaus für Kunstwerke gebaut wurde, und das auffällige Haus Bunte Stube im Bauhausstil. Auch die moderne, 1951 errichtete Kirche passt sich gut ein in das Ortsbild. Selbst als Ahrenshoop offizieller Ferien-Verschickungsort der DDR war, wurden nicht gar zu viele Bausünden begangen, denn der erste Kultusminister der DDR, Johannes Becher, war selbst Literat und sorgte dafür, dass der Ort nicht durch Großbauten verunstaltet wurde.

Am Ortsbeginn von Ahrenshoop endet der Deichweg. Auf einem Fuß- und Radweg an der verkehrsreichen Hauptstraße fahren wir durch den lebhaften Ort und biegen nach 1 km, nicht weit nach einem Einkaufszentrum und fast schon am Ortsende, rechts ab in die Straße „Weg zum Hohen Ufer" (Ausschilderung: Strandübergang 15). Zwischen reetgedeckten Häusern in gepflegten Gärten gelangen wir an die Steilküste „Hohes Ufer" – hier führt ein Treppenabgang zum Strand – und folgen nach links einem Fuß- und Radweg, der entlang der Kante der Steilküste verläuft. Nach 1,5 km passieren wir den Bakelberg (18 m), die höchste Erhebung des Fischlands und, trotz der geringen Höhe, ein hervorragender Aussichtspunkt.

Der Weg geht in einen asphaltierten Weg über und führt vollends nach Wustrow, wo wir uns geradeaus halten. Während die Straße links abknickt, fahren wir geradeaus weiter und biegen erst nach ca. 400 m links ab. Der Parkstraße folgen wir zur querlaufenden, verkehrsreichen Hauptstraße, wenden uns nach rechts und an der Kirche nach links zum Hafen.

8

Im Darsser Wald: Prerow – Leuchtturm Darsser Ort – Wieck – Prerow

Der größte Teil von Darss, insbesondere der Darsser Wald, ist eingegliedert in den Nationalpark Vorpommersche Boddenlandschaft. Stellenweise wirkt der Wald wie ein Urwald. Nicht verwunderlich, denn als Jagdrevier war der Darss schon immer geschätzt. Bekannte Jagdherren im 20. Jahrhundert waren Hermann Göring und Führungskader der DDR, die hier ein exklusives Jagdrecht genossen.

Toureninfos *Karte S. 59*

km 27 km

START Ostseebad Prerow mit einem Hafen am Prerower Strom.

P Auf Höhe des Hafens an der Insel-Hauptstraße ein gebührenpflichtiger Parkplatz.

Leichte, überwiegend schattige Tour im urigen Darsser Wald und somit gut geeignet für heiße Tage. Sowohl Prerow als auch Wieck sind ehemalige Fischerdörfer; interessante Stationen am Weg sind der Darsser Ort – Leuchtturm mit Aussichtsplattform und naturkundlicher Ausstellung – und das Informationszentrum „Darsser Arche" in Wieck. Unterschiedliche Beschaffenheit der Wege: Anfangs ein holpriger, dann mit Klinkern versehener Fuß- und Radweg auf einem Deich, im Darsser Wald gut befahrbare Wald- und Forstwege, Betonplatten-Wege, moderne Straßen in Wieck, anschließend Sand-Kies-Weg, Asphalt- und Betonplatten-Weg.

Zwischen nördlichem Ortsrand von Prerow und dem Prerower Strom ein Klinker-Fuß-/Radweg auf Deich (hin und zurück ca. 3 km); von der Hohen Düne, knapp 1 km nordwestlich von Prerow, bis zur Seebrücke von Zingst ein sehr beliebter Fuß- und Radweg auf dem Küstendeich (hin und zurück ca. 18 km).

Blick vom Leuchtturm Darsser Ort auf die Dünen.

Zahlreiche Restaurants und Cafés in Prerow, u. a. das Café „Teeschale" und Café im Kulturkaten, Tische im Garten; Fisch-Imbiss am Hafen. – Restaurant-Café am Leuchtturm Darsser Ort. – In Wieck mehrere Restaurants-Cafés, u. a. bei der „Darsser Arche" und in der Nähe des Hafens.

Bei Prerow ein mehrere Kilometer langer Sandstrand an der Nordküste; bei Wieck Bademöglichkeit am Bodstedter Bodden. Warnung: Die Strömungen am Leuchtturm Darsser Ort machen das Baden zu einem lebensgefährlichen Unternehmen!

In Prerow das Darss-Museum zur Erdgeschichte und Heimatkunde, Mai–Okt täglich 10–17 Uhr, Nov–April Mi–So 13–16 Uhr; Seemannskirche, im Sommer täglich 10–18 Uhr, Führungen nach Anmeldung, Tel. 03 82 33/6 01 33; Bodden-Schiffsrundfahrten ab Hafen Prerow, mehrmals täglich, Auskunft bei Reederei Poschke, Tel. 03 82 34/2 39, und bei Reederei Rasche, Tel. 03 82 34/2 10, www.reederei-rasche.de; – Leuchtturm Darsser Ort mit dem Natureum, einer naturkundlichen Ausstellung zu Flora und Fauna auf dem Darss, Mitte April–Okt tägl. 10–18 Uhr, Nov–Mitte April Mi–So 11–16 Uhr. – In Wieck das Nationalparkzentrum „Darsser Arche", Mai–Okt tägl. 10–18 Uhr, Nov–April Mi–So 11–16 Uhr.

Kur- und Tourismusbetrieb, Gemeindeplatz 1, 18375 Prerow, Tel. 03 82 33/61 00, www.ostseebad-prerow.de

Tourverlauf

Vom Parkplatz gegenüber dem Hafen von Prerow kehren wir zur Einfahrt des Parkplatzes zurück und wenden uns nach rechts auf den Sand-Kies-Fahrweg „Am Deich". Gleich darauf folgen wir einem schmalen Betonplatten-Fuß-/Radweg auf einem Deich, der am Ortsrand verläuft und Prerow einst vor dem Prerower Strom schützte.

Info

Das Ostseebad **Prerow**, ein weitläufiger, locker bebauter Ort, entstand aus einem Fischer- und Seemannsdorf und erlebte um das Jahr 1900 den Beginn des Badetourismus. Alter Baumbestand prägt den lebhaften Ort, und der kilometerlange, bis zu 100 m breite Sandstrand an der Nordküste gehört zu den schönsten Stränden in Mecklenburg-Vorpommern. Sehenswert sind die vielen geschnitzten und bunt bemalten Haustüren an den älteren Häusern und die **Seemannskirche**, die im Jahr 1728 fertiggestellt wurde. Im Inneren erinnern Votivschiffe an die Prerower Seefahrer-Tradition.

Auf einem querlaufenden Deich mit gutem Klinker-Fuß-/Radweg halten wir uns links und fahren entlang dem Ortsrand an einigen kleinen Seen vorbei, den Überresten des früheren Prerower Stroms. Nach etwa 2 km halten wir uns erneut links auf einen Betonplatten-Weg (Ausschilderung: Leuchtturm) und kreuzen wenig später eine Straße, die Hauptzufahrt zum Strand. Nun befinden wir uns auf einem Waldweg, der sich durch den Darsser Wald windet; Querwege lassen wir unbeachtet. Nach 5 km Fahrt im angenehm schattigen Wald erreichen wir den Leuchtturm an der Landspitze Darsser Ort.

Info

Benannt ist der **Leuchtturm** nach der weit nach Norden in die Ostsee vorspringenden Landspitze Darsser Ort. Mittlerweile kann der 35 m hohe Turm bestiegen werden; vom Aussichts-Umlauf bietet sich ein hervorragender Rundblick, u. a. auf eine einstige Marine-Beobachtungsstation. Die Gebäude beim Leuchtturm waren früher ein Gehöft, das „Leuchtturmgehöft". Hier wurde das **Naturreum** eingerichtet mit den Ausstellungen „Naturraum Darsser Ort", „Tiere der Darsslandschaft" und „Geschichte des Leuchtturms"; Aquarien mit Tieren der Ostsee ergänzen die Ausstellungen. Im ehemaligen Oberwärterhaus befindet sich ein Restaurant-Café, das allerdings nur besucht werden kann, wenn man eine Eintrittskarte zum Leuchtturm kauft.

Die **Landzunge Darsser Ort** ist für Wissenschaftler von großer Bedeutung, denn hier können sie beobachten, wie das Meer laufend neues Land aufbaut.

10

Besuchermagnet Insel Hiddensee: Neuendorf – Vitte – Kloster – Leuchtturm – Neuendorf

Sieht man an einem sonnigen Sommertag auf der Insel Hiddensee eine Fähre ankommen, so drängt sich unwillkürlich der Gedanke auf, ein großer Teil der Urlauber ganz Rügens sei ausgerechnet an diesem Tag nach Hiddensee gekommen, auf diese kleine Insel von gerade einmal 18 km Länge und einer maximalen Breite von 2 km.

Toureninfos

Karte S. 74

km 23 km

START Fährhafen Schaprode (Rügen) bzw. Neuendorf (Hiddensee).

P Hiddensee ist autofrei. In Schaprode (Rügen) gibt es gebührenpflichtige Parkplätze.

Eine leichte Tour, wenn man von dem knapp einen Kilometer langen, teilweise steilen Anstieg zum Gasthaus Klausner – in der Nähe des Leuchtturms – absieht; abwechslungsreich, da die Tour zwischen Wiesen und Viehweiden verläuft, durch Heidegebiete und lebhafte Hafenorte führt; schöner Rundblick vom Leuchtturm-Umgang; Wegbeschaffenheit: überwiegend breiter Betonplatten-Weg, kürzere Abschnitte auf Deichen mit Klinker-Fuß-/Radwegen. Der Leuchtturm ist nur zu Fuß zu erreichen, da Rad fahren am Leuchtturm verboten ist.

Klinker-Fuß-/Radweg auf Deich zwischen Vitte und Kloster (hin und zurück ca. 3,5 km), starker Fußgänger- und Radlerverkehr!

In Neuendorf mehrere Gaststätten mit Terrassen. – Auf halber Strecke zwischen Neuendorf und Vitte das einzeln stehende Gasthaus Heiderose mit Terrasse. – In Vitte mehrere Gaststätten, u. a. am Hafen Fischrestaurants und Fisch-Imbiss. – In Kloster mehrere Gaststätten, u. a. Restaurant-Café Wieseneck mit schöner Terrasse, Hotel-Restaurant und Café Hitthim mit Terrasse, Sanddornspezialitäten. – Zwischen Kloster und Leuchtturm das Gasthaus Leuchtturmeck mit Garten. – Kurz vor dem Leuchtturm das Gasthaus Klausner mit Biergarten.

Zwischen Neuendorf und der Nordspitze der Insel ca. 10 km langer Sandstrand.

Fährverbindungen nach Hiddensee von mehreren Orten auf Rügen; wichtigster Fährhafen ist Schaprode, ganzjährig täglich mehrmals (Dauer ca. 30 Min.); Fähren auch von Stralsund (Dauer 1.45 Std.) und Zingst (Dauer 4 Std.); Information zu den Fähren bei: Insel-Information, Tel. 03 83 00/6 42 26, www.insel-hiddensee.de – In Vitte das Nationalparkhaus, tägl. 10–16 Uhr. – In Kloster das Inselmuseum, ein Heimatmuseum, April–Okt tägl. 10–16 Uhr, Nov–April Fr und Sa 11–15 Uhr; Gerhart-Hauptmann-Haus, April–Okt tägl. 10–17 Uhr. – Leuchtturm, Mitte April–Okt tägl. 10.30–16 Uhr, Fr 19–21 Uhr.

Insel-Information Hiddensee, Norderende 162, 18565 Vitte, Tel. 03 83 00/6 42 26, www.insel-hiddensee.de

Tourverlauf

Vom großen Parkplatz am Ortsrand von Schaprode (Rügen) folgen wir einfach dem Strom der Hiddensee-Besucher auf einem (ausgeschilderten) breiten Fuß- und Radweg, anschließend auf einer Ortsstraße zur Ablegestelle der Hiddensee-Fähre.

Tipp

An sonnigen Sommertagen sollte man wegen des Besucher-Andrangs und der auf 40–45 Fahrräder beschränkten Transportkapazität der **Fähre** die Überfahrt zwischen 10 und 12 Uhr vermeiden und stattdessen entweder eine frühere Fähre oder ein zwar teureres, aber auch erheblich schnelleres Wassertaxi wählen; die Taxi-Boote sind klein und können daher nur wenige Fahrräder an Bord nehmen. Die Anlegestelle der Wassertaxis befindet sich einige Meter weiter in Richtung Hafenausfahrt.

Info

Hiddensee, diese schmale, flache Schwemmsand-Insel mit der hügeligen Nordspitze Dornbusch, wurde schon Ende des 19. Jahrhunderts von Berliner Künstlern „entdeckt" und entwickelte sich zu einem Intellektuellen-Treffpunkt: Literaten, Schauspieler und Wissenschaftler, wie beispielsweise B. Brecht, G. Gründgens, C. Zuckmayer, F. Kafka, S. Freud, A. Einstein, J. Ringelnatz usw. – die

Liste ließe sich um zahlreiche bekannte Namen verlängern – verbrachten hier ihre Urlaubszeiten, trafen sich in Debattierzirkeln, feierten ihre Feste. Gerhart Hauptmann kaufte sich in Kloster ein Haus und verbrachte dort die Sommermonate; sein Haus wurde Mittelpunkt des gesellschaftlichen Lebens.

Nur etwa 1300 Inselbewohner leben in vier Ortschaften, aber mehr als 30 Hotel- und Gastronomiebetriebe versorgen an einem sonnigen Sonntag mehrere tausend Besucher. Sehr lebhaft ist der am Fuß des Dornbusch gelegene Hafenort **Kloster** – hier stand ein mittlerweile nahezu vollständig verschwundenes Zisterzienserkloster – mit dem Inselmuseum und dem Gerhart-Hauptmann-Haus. Auch **Vitte**, Hauptort der Insel mit Gemeinde- und Kurverwaltung, ist recht geschäftig, während das unter Denkmalschutz stehende **Neuendorf** den meisten Besuchern nur als „Einfallstor" für ihre Hiddensee-Unternehmungen dient. Höchst ungewöhnlich und ungewohnt sind die Trampelpfade anstelle betonierter oder asphaltierter Wege, die die Häuser miteinander verbinden. Der vierte Ort auf Hiddensee ist das nordöstlich von Kloster gelegene **Grieben** mit seinen wenigen Häusern.

An kulturgeschichtlichen Besonderheiten hat Hiddensee nicht allzu viel zu bieten. Nicht verwunderlich, ermöglichte die Insel doch vor dem zaghaften Beginn des Tourismus seit ca. 1900 lediglich einigen Bauern, Fischern und Seeleuten ein Auskommen. Ältestes Bauwerk der Insel ist die mehrfach aus- und umgebaute **Inselkirche** in Kloster, eine Backsteinkirche, deren Gundmauern aus dem 14. Jhdt stammen. Die Ausmalung mit einem Rosenmuster erfolgte erst im Jahr 1921. Ein Muss für Freunde der Literatur ist **„Haus Seedorn",** das zwischen 1930 und 1943 während der Sommermonate Wohnhaus und Arbeitsstätte von Gerhart Hauptmann war, dem Literatur-Nobelpreisträger des Jahres 1912. Ebenfalls in Kloster ist im Inselmuseum eine Nachbildung des **Hiddenseer Goldschatzes** zu sehen. Es handelt sich um Goldschmuck aus der Wikingerzeit (10. Jhdt.), der nach heftigen Stürmen im Jahre 1872 am Strand von Neuendorf gefunden wurde; die Originale sind in Stralsund im Kulturhistorischen Museum ausgestellt.

Zwei originelle Häuser sind in **Vitte** zu bewundern: Zum einen die Blaue Scheune, erbaut als Haus eines Bäckers im 19. Jahrhundert, um 1930 aber in ein Künstler-Atelier umgebaut und in kräftigem Blau angestrichen; zum andern das „Karusel", das der Stummfilm-Schauspielerin Asta Nielsen gehörte.

Landschaftlich ist Hiddensee dreigeteilt. Der Süden ist flach, unbesiedelt und teilweise zu einem Naturschutzgebiet erklärt worden, damit dieses Vogelparadies einigermaßen ungestört bleibt. Die Mitte, zwischen Neuendorf und Kloster, ist ebenfalls flach, aber Siedlungsraum der Inselbewohner. Hier liegen Neuendorf, Vitte und Kloster, hier erstrecken sich Viehweiden und Heideflächen. An der Westküste zieht sich ein Strand hin, der über Kloster hinaus bis zur Nordspitze der Insel reicht. Den Norden, als Dornbusch bezeichnet, prägen bewaldete Hügel mit einem **Leuchtturm** und eine bis zu 60 m hohe Steilküste; zwei kleine, schmale Landzungen, die durch Anschwemmungen langsam, aber stetig wachsen, wurden zum Naturschutzgebiet erklärt.

Auf der Insel Hiddensee folgen wir vom Hafen Neuendorf geradeaus einem breiten Klinker-Fahrweg zwischen den weit auseinander stehenden reetgedeckten Häusern hindurch. Am Ortsende geht der Klinkerweg in einen Betonplatten-Weg über, auf dem wir zwischen Heideflächen und Kiefern, vorbei an einer Gaststätte und einer Ferienhaussiedlung, nach 5 km an eine Kreuzung gelangen. Wir folgen nach rechts dem hier kreuzenden Deichweg, einem Klinker-Fuß-/Radweg, und gelangen wenig später zum lebhaften Hafen von Vitte.

Gleich nach dem Hafen wenden wir uns nach rechts auf einen Klinker-Deichweg, passieren einen Bootshafen und fahren am Ufer des Vitter Bodden entlang nach Kloster. Wir halten uns rechts zum Hafen und biegen nach 100 m links ab in ein schattiges Kopfsteinpflaster-Sträßchen, das zu einer belebten Kreuzung am Ortsrand führt. Geradeaus führt ein Betonplatten-Weg, auf dem sich an sonnigen Tagen ein wahrer Besucher-„Lindwurm" am Südhang des Dornbusch hochwindet, zum Leuchtturm. Beiderseits des Wegs stehen zahlreiche Sanddornbüsche mit ihren gelb-orangefarbenen Beeren, auf den Wiesen grasen Rinder. Je höher wir kommen, desto steiler wird der Weg. Auf der bewaldeten Höhe angekommen, stellen wir unsere Räder kurz vor einer Gaststätte ab – Rad fahren in der Umgebung des Leuchtturms ist nicht erlaubt! – und folgen nach rechts einem sandigen Waldweg, der zu einem Aussichtspunkt und vollends zum Leuchtturm führt. Es lohnt sich, zum Umlauf des Leuchtturms hochzusteigen; bei guter Sicht umfasst der

Rundblick weite Teile der Boddenlandschaft zwischen Rügen, Zingst mit Darss und dem Festland.

Auf dem gleichen Weg kehren wir zurück nach Kloster, wenden uns an der belebten Kreuzung am Ortsrand nun nach rechts und fahren auf der Hauptstraße, dem Kirchweg, an der Kirche vorbei – auf dem Friedhof befindet sich das Grab G. Hauptmanns – und zwischen einigen Geschäften und Restaurants zum Inselmuseum. Hier folgen wir nach links einem asphaltierten Weg, der bald in einen Betonplatten-Weg übergeht und nach Vitte führt. Geradeaus geht es durch das Ortszentrum, und auf dem gleichen Weg, auf dem wir von Neuendorf hierher gelangten, kehren wir nach Neuendorf zurück.

Für Radfahrer ideal ist die autofreie Insel Hiddensee.

11

Leuchttürme auf Rügen: Wiek – Kap Arkona – Vitt – Juliusruh – Breege – Wiek

Nördlichster Ausläufer der Insel Rügen ist die flache Halbinsel Wittow, die man entweder über die Autofähre Wittow, nördlich von Trent an der Westküste, oder über die angeschwemmte Landbrücke Schaabe, eine so genannte Nehrung, von Jasmund her erreicht.

Der Name Wittow bedeutet „Land des Windes" und macht deutlich, was den Radfahrer eventuell erwartet. Wenn Wind aufkommt, bläst er ungehindert über das Land, denn keinerlei Erhebung bricht die Böen. Bei kräftigem Wind sollte man die Tour also besser nicht unternehmen, denn sie könnte zur Qual werden!

Die Halbinsel wirkt insgesamt sehr ruhig, aber der Eindruck täuscht etwas. Die Küsten von Wittow ziehen zahlreiche Besucher an: Im Norden und Osten locken Strände, Freizeitkapitäne zieht es nach Dranske und Breege, und wer auf Rügen seinen Urlaub verbringt, sucht auch die Leuchttürme auf an der Steilküste des Kap Arkona, einer der Hauptattraktionen Rügens.

Toureninfos

Karte S. 79

km 33 km.

START Wiek, Hafenstädtchen an der Westküste der Halbinsel Wittow.

P Gebührenpflichtiger Parkplatz am Hafen von Wiek.

Eine bequeme Tour, die trotz der flachen Landschaft einige Abwechslung bietet; ein leichter Anstieg zu den Leuchttürmen am Kap Arkona. Unterschiedliche Wegverhältnisse: Sand-Kies-Wege, Betonplatten-Wege, Klinker-Wege, von Kuhle bis kurz vor Putgarten gute Landsträßchen, zwischen Juliusruh und Breege sehr breite Waldstraße.

Auf dem ruhigen Landsträßchen zwischen Breege und Wiek (hin und zurück 8,5 km) und auf dem normalerweise ruhigen Landsträßchen von Putgarten nach Gramtitz, 4 km nördlich von Wiek gelegen (hin und zurück ca. 18 km).

In Wiek mehrere Gaststätten, Bäckerei mit Café, Bistro. – In Kuhle am kleinen Hafen eine Fischräucherei mit Imbiss; 100 m entfernt der „Schifferkrug", angeblich ältestes Gasthaus auf Rügen aus dem Jahr 1455. – Am Ortsbeginn von Gramtitz Fischräucherei mit Imbiss. – Am Kap Arkona zwei Gaststätten mit Garten bzw. Terrasse. – In Putgarten (Abstecher vom Kap Arkona hin und zurück 2 km) mehrere Restaurants-Cafés, Fisch-Imbiss. – In Vitt die Gaststätte Zum Goldenen Anker, Imbiss-Stände und ein Café. – In Juliusruh mehrere Restaurants, Café. – In Breege mehrere Gaststätten, u. a. am Hafen die Gaststätte Zum Alten Fischer.

Strand entlang der Nordküste (mehrere Abstecher möglich, hin und zurück jeweils ca. 4 km); nordwestlich von Putgarten führt die Tour an die ca. 25 m hohe Steilküste, Treppenabgang zu einem FKK-Strand; Strand bei Campingplatz Drewoldke; kilometerlanger Strand zwischen Juliusruh und Glowe.

Am Kap Arkona der Schinkelturm mit Museum, Ausstellung zu Baumeister Schinkel und einzelnen Themen der Seefahrt, Mai/Juni und Sept/Okt 10–17 Uhr, Juli/Aug 10–19 Uhr, Nov–April 12–16 Uhr; Neuer Leuchtturm, Besichtigung, Turmbesteigung, täglich 10–18 Uhr; Kunstbunker, wechselnde Kunstausstellungen, 10–16 Uhr; Nebelsignalstation mit Ausstellung zur Seenotrettung, 11–16 Uhr; Marine-Peilturm mit wechselnden Ausstellungen und zu den Ausgrabungen der Jaromarsburg, täglich 11–17 Uhr, Juli/Aug 11–19 Uhr; die Touristenbahn "Kap Arkona" zwischen Putgarten und Kap Arkona, täglich ab 9 Uhr. – Ab Wiek Fährdienst nach Hiddensee, Ende Juni–Anfang Sept täglich um 13.30 Uhr, Auskunft: Reederei Hiddensee, Tel. 0 38 31/26 81 16, www.reederei-hiddensee.de

Informationsamt Kap Arkona, 18556 Putgarten,
Tel. 03 83 91/41 90; Fremdenverkehrsamt, Max-Reichpietsch-

Ring, 18556 Dranske, Tel. 03 83 91/8 90 07,
www.gemeinde-dranske.de

Tourverlauf

Vom Hafen in Wiek folgen wir nach links – wenn man mit dem Rücken zum Hafenbecken steht – einem Klinker-Fuß-/Radweg, dann geradeaus einer Klinker-Wohnstraße am Ufer des Wieker Bodden und, wo die Straße endet, weiterhin geradeaus einem Klinkerweg entlang dem Schilfufer des Bodden. Der Klinkerbelag endet, und ein Sand-Kies-Weg führt zwischen Gebüsch, Baumgruppen und Schilf zum kleinen Hafen von Kuhle. Auf der quer verlaufenden Straße Dranske – Altenkirchen wenden wir uns nach rechts (Radmarkierung: Arkona) und biegen nach 100 m links ab (Ausschilderung: Gramtitz).

Info

An dieser Straßenabzweigung bei Kuhle steht die reetgedeckte Gaststätte „Schifferkrug". Angeblich handelt es sich um das **älteste Gasthaus** auf Rügen; zumindest behauptet das ein Werbeschild. Diesen Status beansprucht allerdings auch ein Restaurant in Middelhagen auf der Halbinsel Mönchgut.

Findlinge an der sandigen Nordküste von Rügen.

Nach einem Kilometer wenden wir uns bei Gramtitz nach rechts (Ausschilderung: Schwarbe, Nonnevitz). Wer einen Abstecher zum Strand an der Nordküste machen möchte, folgt nach 1,5 km einem links abzweigenden Sträßchen nach Nonnevitz und durch ein Waldgebiet zum Strand (hin und zurück 4 km). Zur Fortsetzung der Tour folgen wir der bequem zu fahrenden Landstraße, die zwischen riesigen Feldern zu einer Straßenkreuzung am Ortsrand von Mattchow führt. Geradeaus bzw. leicht links (Radmarkierung: Arkona) folgen wir einem guten Landsträßchen durch eine fast unmerklich gewellte, nahezu baumlose Landschaft und haben dabei stets die Leuchttürme vom Kap Arkona vor Augen.

Kurz nach einer ballonartigen Radarstation haben wir an der Linksabzweigung eines Betonplatten-Wegs die Wahl: Geradeaus auf kürzestem Weg über Putgarten zum Kap Arkona, oder aber entlang der Steilküste zum Kap Arkona. Wir entscheiden uns für die etwas mühsamere, landschaftlich aber interessantere Strecke an der Steilküste und biegen links ab (keine Ausschilderung) zur Kante der hier etwa 25 m hohen Steilküste. An einem Parkplatz mit

Rasthütte können wir die Räder abstellen und über Treppenstufen absteigen zum Strand, auf dem abgeschliffene Findlinge liegen. Wer baden möchte, sollte allerdings beachten, dass es sich hier um einen FKK-Strand handelt.

Nach rechts führt ein Sand-Kies-Weg an der Kante der bewaldeten Steilküste zwei Kilometer weit zum nördlichsten Punkt von Rügen, dem Aussichtspunkt Gellort. Hier knickt der Weg in südöstliche Richtung ab, und nach einigen hundert Metern erreichen wir das Kap Arkona.

Info

Das **Kap Arkona** ist eine der größten Attraktionen auf Rügen und wurde zum „Flächendenkmal" erklärt, d. h. das gesamte Areal mit den Leuchttürmen und sonstigen Gebäuden steht unter Denkmalschutz.

An der etwa 40 m hohen Steilküste stehen zwei **Leuchttürme** und ein Funkpeilturm, befindet sich ein Bunker, in dem Kunstausstellungen stattfinden, und bieten zwei Gastronomiebetriebe ihre Dienste an. Wer zum Strand absteigen möchte, kann dies auf der „Königstreppe" tun und einen Strandspaziergang am Fuß der Steilwand unternehmen. In der Nähe des Peilturms an der Kante des Steilabfalls sind die Überreste der aus dem 6. Jahrhundert stammenden slawischen Wallanlage **Jaromarsburg** zu sehen, in der Ausgrabungen durchgeführt wurden. Höchstwahrscheinlich handelte es sich um ein religiöses Zentrum.

Pferdekutschen und eine kleine Touristenbahn auf Rädern befördern ständig Besucher zwischen dem Kap Arkona und dem etwas mehr als einen Kilometer entfernten **Putgarten** hin und her. In dieser kleinen Siedlung mit mehreren Gaststätten steht der Rügenhof, ein Gutshof mit Herrenhaus und Wirtschaftsgebäuden, die einen großen Innenhof mit einem Teich umschließen. Hier bieten der „Rügenladen", eine Steinschleiferei, eine Keramikwerkstatt und eine historische Druckerei ihre Erzeugnisse zum Verkauf an. Eine Fischräucherei mit Imbiss-Stand und ein kleines Café ergänzen das Angebot.

Auf einem breiten Sand-Kies-Weg (Radmarkierung: Juliusruh) passieren wir die Jaromarsburg, den Peilturm und einen Aussichtspunkt, von dem aus die Steilküste am Kap Arkona sehr schön zu sehen ist. Nach einem Kilometer verlassen wir vor dem Rand eines Wäldchens den breiten Weg nach rechts. Von dem geradeaus führenden Weg ist abzuraten, denn auf dem steilen Abstieg sind zahlreiche Fußgänger unterwegs! An einer einzeln stehenden, achteckigen Kapelle aus dem 19. Jahrhundert folgen wir nach links einem mit Kopfstein gepflasterten Weg, anschließend einem Betonplatten-Weg bequem hangabwärts und biegen wenig später links ab in einen Kesteneinschnitt, der nach Vitt hinunterführt..

Info Das aus dem 10. Jahrhundert stammende Fischerdorf **Vitt** ist für Kfz gesperrt und laut Fremdenverkehrswerbung „das schönste Dorf auf Rügen". Entsprechend viele Besucher bewegen sich zwischen dem Dutzend reetgedeckter Häuser und im winzigen Hafen. Einige Boote im Hafen beweisen, dass es sich noch immer um ein Fischerdorf handelt, auch wenn eine Gaststätte, ein Café und mehrere Imbiss-Stände das Bild eines idyllischen Fischerdorfs beeinträchtigen.

Auf den nächsten vier Kilometern entlang bzw. in geringer Entfernung zur Steilküste passieren wir den Weiler Goor und den „Riesenberg" von Nobbin, ein mehr als 30 m langes Großsteingrab. Allmählich wird die Steilküste niedriger, und wir gelangen, vorbei an einem Campingplatz und einer Ferienhaussiedlung, bei den Häusern von Drewoldke an die ausgebaute Straße Glowe – Juliusruh – Altenkirchen. Nach links (Radmarkierung: Rügenrundtour) führt ein guter Fuß- und Radweg entlang der Straße nach Juliusruh.

Info Das kleine, weit auseinandergezogene **Juliusruh** mit der großen Hotel- und Appartementanlage „Aquamarin" ist ganz auf Badegäste eingestellt, denn auf der Nehrung Schaabe zieht sich an der Bucht Tromper Wiek ein kilometerlanger Strand entlang bis Glowe. Einzige Besonderheit ist eine spätbarocke Parkanlage, die um das Jahr 1800 angelegt wurde; sie befindet sich rechts der Straße hinter dem schmalen Waldgürtel.

Ungefähr einen Kilometer nach dem „Aquamarin" biegen wir rechts ab auf eine breite Waldstraße (Ausschilderung: Breege) und gelangen nach Breege, einem Hafenstädtchen am Breeger Bodden. Gleich am Ortsbeginn knickt die Straße links ab; wir aber halten uns geradeaus auf das schmale Pflastersträßchen Wieker Weg, das schnurgerade durch ein Wohngebiet führt und, nun asphaltiert, zwischen riesigen Feldern verläuft.

In Wiek biegen wir links ein in die Gerhart-Hauptmann-Straße, eine Wohnstraße, kreuzen eine Querstraße und folgen zunächst der Ausschilderung „Wittower Fähren" in das Ortszentrum, anschließend halten wir uns an die Ausschilderung „Hafen" und kehren zu unserem Ausgangspunkt zurück.

12

Die Kreidefelsen von Rügen: Buddenhagen – Königsstuhl – Lohme – Hagen – Buddenhagen

Die hügelige Halbinsel Jasmund weist diejenige Natur-Attraktion auf, für die Rügen bekannt ist: Kreidefelsen, die sich an der Ostküste über mehrere Kilometer Länge erstrecken. Der gesamte Ostteil der Halbinsel mit den Kreidefelsen, die Stubnitz, wurde zum Nationalpark Jasmund erklärt. Der Nationalpark ist für Kfz gesperrt, aber ein Bus-Pendelverkehr von einem großen Parkplatz am Ortsrand von Hagen zum Königsstuhl (117 m) ermöglicht den Besuchern einen problemlosen Zugang. Ein sehr deutlich spürbarer Effekt dieser Maßnahme ist, dass der Besucherstrom – jährlich etwa 1,5 Millionen Personen – auf diesen einen Punkt an der Steilküste konzentriert wird. An einem schönen Sommer-Wochende kann es infolgedessen durchaus passieren, dass man sich anstellen muss, um auch einmal an das Geländer der Aussichtsplattform zu gelangen.

Toureninfos

km 21 km.

START Bei Buddenhagen, 2 km nördlich von Sassnitz

P Parkmöglichkeit für ca. 10 Pkw an einer Wegkreuzung im Wald bei Buddenhagen. Anfahrt: Von Sassnitz in Richtung Nationalpark Jasmund/Stubbenkammer; knapp zwei Kilometer nach dem Stadtrand von Sass-

Blick von oben auf die Kreidefelsen von Rügen.

nitz bei einem großen, auffälligen Schild „Nationalpark Jasmund" links abbiegen (Ausschilderung: Buddenhagen) und 400 m weit auf Kopfsteinpflaster zur Wegkreuzung.

Eine auf Grund zahlreicher Anstiege recht anstrengende Tour in überwiegend bewaldeter Hügellandschaft. Unterschiedliche Wegverhältnisse: Sand-Kies-Wege, verkehrsreiche Straßen, streckenweise holprige und auch grasüberwachsene Kopfsteinpflaster-Sträßchen und -Wege.

An der Durchgangsstraße, 1 km östlich von Hagen, Hotel-Restaurant-Café Baumhaus. – Am Königsstuhl das Restaurant-Café Königsstuhl mit Terrasse. – In Lohme (Abstecher) mehrere Restaurants und Cafés. – Eine Gaststätte in Nipmerow ist zur Zeit der Recherche geschlossen. – In Hagen mehrere Gaststätten, u. a. die Kleine Försterei mit Wildgerichten.

Strand mit Geröll und Steinen bei Lohme (Abstecher hin und zurück 1,5 km).

Informationszentrum am Königsstuhl, Ausstellung, Multivisionshow, täglich 9–18 Uhr.

ℹ Fremdenverkehrsbüro, Rügen-Galerie 27, 18546 Sassnitz, Tel. 03 83 92/64 90, www.touristservice-sassnitz.de. – Bootsfahrten zu den Kreidefelsen von Sassnitz: Reederei Ostsee-Tour, Hafenstr. 12 j, 18546 Sassnitz, www.reederei-ostsee-tour.de

Tourverlauf

Von unserem Parkplatz an der Wegkreuzung im Wald bei Buddenhagen folgen wir einem Waldweg nach rechts (Radmarkierung: Rügenrundtour) – aus der Richtung unserer Pkw-Anfahrt gesehen –, der streckenweise tunnelartig unter den Bäumen verläuft. Nach mehrmaligem Auf und Ab halten wir uns auf einem quer verlaufenden, holprigen Kopfsteinplaster-Waldsträßchen rechts, verlassen das Sträßchen aber nach 700 m wieder nach links (Ausschilderung: Hagen). Weiterhin in mehrmaligem Auf und Ab, streckenweise am Waldrand entlang, führt dieser Weg am Fuß des Piekbergs (161 m) vorbei, der höchsten Erhebung auf Rügen, und mündet am Ortsrand von Hagen in die verkehrsreiche Durchgangsstraße Sassnitz – Glowe ein. Auf der Straße wenden wir uns nach rechts in den Wald und biegen nach 700 m in einer etwas unübersichtlichen Rechtskurve der Straße – Vorsicht: hier wird schnell gefahren! – links ab. Zu unserer Linken steht das gepflegte Hotel-Restaurant Baumhaus.

Info

Die am Rand der Stubnitz stehenden **„Baumhäuser"**, auch „Waldhäuser" genannt, waren die Häuser von Forstaufsehern, die die korrekte Nutzung des Walds durch die Bevölkerung kontrollierten. Jahrhundertelang war der Wald selbstverständlicher und wichtiger Teil der bäuerlichen Nutzflächen, war Teil der Allmende, also derjenigen Flächen, die von der Dorfgemeinschaft gemeinsam genutzt wurden. Dies waren die Weideflächen für Rinder, Schweine, Gänse usw. Auch der Wald diente als Viehweide, aber er lieferte zudem essbare Früchte und Brenn- bzw. Bauholz. Als im 15. und 16. Jahrhundert die Jagd allmählich zu einem höfischen Vergnügen wurde, begannen die Landesherren, sich die Wälder als Jagdreviere zu reservieren. Den vom Wald abhängigen Bauern wurde der freie Zutritt zum Wald verboten.

Der folgende, knapp drei Kilometer lange Streckenabschnitt zum Königsstuhl wird anstrengend: Auf der breiten, kurvenreichen Straße – Vorsicht: reger Pendelbus-Verkehr! – steigen wir in der bewaldeten Hügellandschaft mehrmals an und passieren den links der Straße gelegenen, malerischen Herthasee, an dessen Ufer sich eine slawische

Wall-Anlage befindet. Schließlich erreichen wir eine Wendeplatte am Informationszentrum des Königsstuhls. Die Räder müssen wir hier abstellen.

Tipp

Wer auf kürzestem Weg von der Wendeplatte zur Aussichtsplattform am Königsstuhl gelangen möchte, muss eine Zutrittsgebühr bezahlen! Eine kostenfreie Alternative ist es, an der Bus-Wendeplatte rechts, vorbei am Restaurant-Café Königsstuhl, zum Aussichtpunkt **Victoria-Sicht** zu gehen und von dort nach links entlang der Hangkante zum Königsstuhl. Dieser Spaziergang dauert ungefähr 20 Minuten.

Info

Die berühmten **Kreidefelsen** von Rügen erheben sich an der Küste der Stubnitz, eines bewaldeten Hügellands zwischen Sassnitz und Lohme. Die Stubnitz wurde zum **Nationalpark Jasmund** erklärt und für Kfz gesperrt. Lediglich die in kurzen Abständen zwischen Hagen und dem Königsstuhl verkehrenden Pendelbusse sind zugelassen. An sonnigen Sommertagen transportieren sie bis zu 6000 Besucher zum Königsstuhl..

Höchster Felsen an der Kreideküste ist mit 117 m der **Königsstuhl**, dicht gefolgt von dem nicht weit entfernten Aussichtspunkt **Victoria-Sicht**. Der Blick von oben auf die hellen Kreidefelsen und die Boote auf dem Wasser ist wirklich etwas Besonderes. Die Empfindung, etwas Außergewöhnliches zu erleben, hatten auch die Menschen vergangener Jahrhunderte, wie beispielsweise das berühmte Kreidefelsen-Bild von Caspar David Friedrich (1774–1840) beweist.

Auf der Straße kehren wir 300 m weit zurück und biegen rechts ab auf einen breiten Waldweg (Radmarkierung: Rügen-Rundtour), der auf Grund des alten Kopfsteinpflasters streckenweise etwas mühsam zu befahren ist. Nach 1,5 km verlassen wir den Wald, folgen einem Sand-Kies-Weg zu den wenigen Häusern von Ranzow – linker Hand, etwas erhöht, die Überreste einer Burg der Grafen von Putbus – und einem Sträßchen zur Straße Lohme – Nipmerow. Wir wenden uns nach links und passieren den Zugang zu dem links der Straße gelegenen „Pfenniggrab", einem jungsteinzeitlichen Ganggrab.

Kurz darauf folgen wir in Nipmerow der Durchgangsstraße Glowe – Sassnitz nach links. In leichtem Auf und Ab gelangen wir auf der stark befahrenen, kurvenreichen und nicht allzu breiten Straße zwischen großen Feldern nach Hagen und folgen einem Klinker-Fuß-/ Radweg entlang der Straße durch den weit auseinander gezogenen Ort. Am Waldrand biegen wir rechts ab und kehren auf dem gleichen Weg, auf dem wir von unserem Ausgangspunkt bei Buddenhagen hierher gelangten, zu unserem Ausgangspunkt zurück.

13

Rügens Süden und der „Rasende Roland“: Lauterbach – Seedorf – Moritzdorf – Baabe

Eine abwechslungsreiche, landschaftlich reizvolle Tour, die von Lauterbach, einem Hafenort bei Putbus, zunächst am Ufer des Rügischen Bodden verläuft, anschließend durch eine leicht hügelige Landschaft zum Neuensiener See und in das bei Freizeitkapitänen beliebte Seedorf. Bei dem malerischen Straßendorf Moritzdorf wird man per Ruderboot-Fähre über den Wasserarm Baaber Beek gebracht, und bequem geht es vollends zum kleinen Seebad Baabe. Die Rückfahrt erfolgt mit dem „Rasenden Roland“, einem Schmalspur-Dampfzug, der über die Seebäder Sellin und Binz sowie das Jagdschloss Granitz nach Putbus und zur Endstation Lauterbach fährt.

Toureninfos

km 19 km; Rückfahrt mit der Schmalspurbahn „Rasender Roland“.

START Lauterbach, Hafenort bei Putbus.

P Gebührenpflichtiger Parkplatz am Hafen von Lauterbach.

Bahnlinie Stralsund – Bergen; in Bergen umsteigen in die Linie nach Putbus; in Putbus umsteigen in die Schmalspurbahn „Rasender Roland“ zur Endstation Lauterbach-Mole. Rückfahrt von Baabe nach Lauterbach mit dem „Rasenden Roland“.

Trotz mehrerer kurzer Anstiege eine insgesamt leichte Tour entlang der Küste, durch Wäldchen und durch teils ruhige, teils lebhafte Orte zum Seebad Baabe. Wegbeschaffenheit: Straßen und Sträßchen, gut befahrbare Pflaster- und Klinker-Wege, Sand-Kies-Wege, Betonplatten-Wege, kurzzeitig altes Kopfsteinpflaster.

Allee vom Hafen Lauterbach bis Badehaus Goor (hin und zurück knapp 2 km); Sträßchen vom südlichen Ortsrand Baabe (Mönch-

guter Küstenmuseum/Fischräucherei) bis Hotel-Restaurant Solthus (hin und zurück knapp 2 km).

In Lauterbach mehrere Restaurants, Fisch-Imbiss. – In Groß Stresow ein Eis-Kiosk. – In Preetz der Kiosk „Radlerrast". – In Seedorf mehrere Restaurants, u. a. in einem Schiff, Fisch-Imbiss. – In Moritzdorf Gaststätte Fischerhütte und, am Ortsende auf halber Hanghöhe, Hotel-Restaurant Moritzburg. – Gegenüber von Moritzdorf das gehobene Hotel-Restaurant Solthus, geöffnet abends, Sa/So auch 12–15 Uhr. – Am Ortsbeginn von Baabe Fischräucherei mit einfacher Gaststätte, in Baabe mehrere Restaurants-Cafés.

Strand am Badehaus Goor bei Lauterbach; Badeplatz in Groß Stresow; Sandstrand bei Baabe (kurzer Abstecher).

Ruderfähre in Moritzdorf, täglich 9–21 Uhr. – In Baabe Bollwerk, Zeesboot-Fahrten täglich 10–18 Uhr alle 2 Stunden; Rundfahrten im Rügischen Bodden, März und Okt täglich 14 Uhr, Ostern–Sept 11 und 14 Uhr, Fahrgastschifffahrt Lamara, Tel. 03 83 08/66 69 87, www.ms-lamara.de – Schmalspurbahn „Rasender Roland", täglich mehrmals; Auskunft bei Rügensche Kleinbahn GmbH, Binzer Straße 12, 18581 Putbus, Tel. 03 83 01/8 01-12, www.rasender-roland.de

Putbus-Information, Alleestr. 5, 18581 Putbus, Tel. 03 83 01/4 31, www.putbus.de; – Kurverwaltung Baabe, Fritz-Worm-Str. 1, 18586 Baabe, Tel. 03 83 03/142-0, www.baabe.de

Tourverlauf

Vom geschäftigen Hafen Lauterbach halten wir nach rechts – wenn man mit dem Rücken zum Hafenbecken steht –, biegen nach ein paar Metern rechts ab in das Pflastersträßchen Vilmitzer Weg (Ausschilderung: u. a. Yachthafen) und unterqueren die Gleise des „Rasenden Rolands"; rechter Hand befindet sich der Bahn-Haltepunkt Lauterbach-Mole. Gleich darauf wenden wir uns erneut nach rechts und am Ortsrand an einer Kreuzung nochmals nach rechts. Eine schmale Allee (Radmarkierung: Rügenrundtour) führt zum Badehaus Goor und endet dort.

Info

Das klassizistische **Badehaus Goor** mit einer Säulen-Giebelfront wurde Anfang des 19. Jahrhunderts errichtet. Graf Wilhelm Malte zu Putbus (1783–1854) ließ seinen Wohnsitz **Putbus** nach dem Vorbild von Bad Doberan zu einer Residenz im klassizistischen Stil ausbauen. Heutigen Betrachtern erscheint die damals völlig neu gestaltete Anlage des Städtchens als etwas überdimensioniert. Natürlich benötigte der Graf auch ein gerade in Mode gekommenes Badehaus; als Vorbild diente Heiligendamm, der Badeort von Bad Doberan. Die klassizistischen Gebäude in Bad Doberan und Heiligendamm waren in Weiß gehalten, folglich mussten Putbus und das Badehaus Goor ebenfalls weiß sein, so dass nun Putbus zu Recht als „die weiße Stadt Rügens" bezeichnet wird.

Links am Badehaus beginnt ein Weg (Radmarkierung: Mönchgut, Groß Stresow), der an der bewaldeten Küste des Rügischen Boddens verläuft und nahe der Ortschaft Freetz in ein Sträßchen einmündet. Nach rechts fahren wir weiter entlang der Küste, vorbei an den wenigen Häusern von Muglitz, und gelangen auf einem Fuß-/Radweg nach Groß Stresow, einem Dorf mit reetgedeckten Häusern.

Im Ort halten wir uns an einer Gabelung rechts und radeln auf einem Sand-Kies-Weg am Rand einer Niederung entlang. Wir passieren Klein Stresow, wenig später ein rechts der Straße gelegenes Großsteingrab und halten uns an einer Kreuzung – hier eine Rasthütte – geradeaus (Radmarkierung: u. a. Mönchgut). Ein Betonplatten-Weg führt in der leicht hügeligen Landschaft zum Weiler Burtevitz, ein Kopfsteinpflaster-Sträßchen weiter nach Preetz, einem hübschen Weiler, der etwas versteckt hinter hohen Bäumen liegt. Und plötzlich sehen wir den Neuensiener See vor uns. Entlang dem verschilften Ufer und auf einer schmalen Holzbrücke über einen Wasserarm, der den Neuensiener See mit der Bucht Having verbindet, erreichen wir Seedorf, ein nettes Straßendorf mit Yachthafen.

Auf der Dorfstraße wenden wir uns nach rechts – nicht der Radmarkierung nach links folgen! – biegen nach 100 m links ab auf ein gepflastertes Wohnsträßchen (Radmarkierung Moritzdorf) und steigen an. Der Weg führt über eine Erhebung zum Wasserarm Baaber Beek, der den Selliner See mit der Bucht Having verbindet. Auf dem breiten Uferstreifen wenden wir uns auf einem querlaufenden Sträßchen nach rechts zu den ersten Häusern von Moritzdorf.

Info

Moritzdorf ist ein unter Denkmalschutz stehendes, malerisches Zeilendorf, das sich auf dem breiten Uferstreifen zwischen Baaber Beek und einem niederen Hügelrücken erstreckt. Reetgedeckte Häuser und gepflegte Gärten, linker Hand das blaue Wasser, zur Rechten der grüne Hang – ein Idyll.

Tipp

Am Ortsende von Moritzdorf bietet die Terrasse des am Hang gelegenen Hotel-Restaurants **„Moritzburg"** einen herrlichen Blick auf die Bucht Having und auf die Halbinsel Mönchgut. Allerdings muss der Zugang zur Terrasse „erarbeitet" werden: Die Räder bleiben unten stehen, und zu Fuß steigt man hoch.

Selten zu erleben: Eine Überfahrt per Ruderfähre. Der Fährmann packt die Fahrräder ins Boot, maximal 6 Personen steigen zu, und dann rudert er seine Fracht über den 25 m breiten Wasserarm nach Baabe Bollwerk. Sollte der Fährmann einmal nicht anwesend sein: eine am Anlegesteg angebrachte Glocke ruft ihn herbei.

Von Baabe Bollwerk – kein Dorf, sondern nur ein paar Wohnhäuser, ein modernes, reetgedecktes Hotel und ein Hafenkai – folgen wir der engen Bollwerkstraße zwischen Wiesen und am Waldrand zum Ortsbeginn von Baabe. Wo die Straße links abknickt, befindet sich bei einer Fischräucherei das jederzeit betretbare Mönchguter Küstenmuseum, ein kleines Freilichtmuseum mit einigen Booten und Schiffsmotoren. Nach links folgen wir der Dorfstraße zur Kreuzung mit der verkehrsreichen Durchgangsstraße Göhren – Sellin. Ein Radweg entlang der Durchgangsstraße führt nach links zu der etwa 300 m entfernten Haltestelle des „Rasenden Roland".

Tipp

Wer zum Abschluss der Tour noch baden möchte, hält sich an der eben genannten Kreuzung geradeaus zum langen **Sandstrand** zwischen den Ostseebädern Göhren, Baabe und Sellin (hin und zurück 1,5 km).

Info

Die Schmalspurbahn **„Rasender Roland"** verkehrt täglich mehrmals auf einer etwa 35 km langen Strecke: Von Lauterbach über Putbus zum Ostseebad Binz, in die Nähe des Jagdschlosses Granitz und zu den Badeorten Sellin, Baabe und Göhren.

Der Dampfzug „Rasender Roland" bringt uns in knapp 90 Minuten zur Bahn-Endstation Lauterbach-Mole. Auf dem Bahnsteig zum quer verlaufenden Sträßchen Vilmitzer Weg, das nach links zum Hafen führt.

Das malerische Moritzdorf mit dem Café-Restaurant Moritzburg.

14

Seebäder auf Mönchgut (Rügen): Göhren – Middelhagen – Thiessow – Klein Zicker – Groß Zicker – Göhren

Die kleine, in drei Armen auslaufende Halbinsel Mönchgut bildet den östlichen „Zipfel" von Rügen und gilt als landschaftlich reizvollster Teil der Insel. Zwar gibt es hier keine solch außergewöhnlichen Anziehungspunkte wie Kap Arkona oder die Kreidefelsen am Königsstuhl, aber es gibt auf kleinem Raum eine Vielfalt unterschiedlichster Gegebenheiten: Lange Strände, Aussichtspunkte, Steilküsten, winzige, malerische Hafenorte am Bodden-Ufer und natürlich den Hauptort auf Mönchgut, Göhren. Das Ostsebad Göhren ist das am weitesten östlich gelegene Seebad auf Rügen mit einem ganzen Komplex an Museumsgebäuden. Bei Tagesbesuchern sehr beliebt sind die im Süden von Mönchgut gelegenen Dörfer Groß Zicker und Klein Zicker mit ihren reetgedeckten Häusern sowie der kilometerlange Große Strand zwischen Lobbe und Thiessow.

Toureninfos

Karte S. 94

km 31 km.

START Ostseebad Göhren.

P Gebührenfreier Parkplatz am südlichen Ortsrand beim Museumsschiff „Luise" am Südstrand. Anfahrt: B 196 in das Ortszentrum Göhren, am höchsten Punkt links abbiegen in die Thiessower Straße und der Ausschilderung „Museumsschiff" folgen.

Schmalspur-Dampfzug „Rasender Roland" (Fahrrad-Transport), der von Lauterbach über Putbus, das Jagdschloss Granitz, Binz, Sellin und Baabe nach Göhren fährt. In Putbus Bahnanschluss nach Bergen, in Bergen Bahnanschluss nach Stralsund.

Bequeme Tour mit einem leichten Anstieg am Ortsrand von Göhren; zwischen Lobbe und Thiessow im Küstenwald mit zahlreichen Strandzugängen; hübsche Dörfer. Unterschiedliche Wegverhältnisse: Kurze Abschnitte auf ruhigen Straßen, Fuß-/Radwege, Sand-Kies-Weg, in Groß Zicker Kopfsteinpflaster.

Beim Parkplatz in Göhren (Museumsschiff/Südstrand) ein Klinker-Fuß-/Radweg bis zum Waldrand (hin und zurück 3 km); vom Parkplatz nach links auf Klinker-Straße bis Lobbe (hin und zurück 6 km). Zwischen Middelhagen und Lobbe Klinker-Fuß-/Radweg auf niederem Deich (hin und zurück 3 km). Asphaltierter Fuß-/Radweg im Küstenwald zwischen Lobbe und Thiessow (hin und zurück etwa 8 km). Asphaltierter Fuß-/Radweg zwischen Thiessow und Klein Zicker (hin und zurück 3 km). Fuß-/Radweg (Asphalt, dann Klinker) an der Straße zwischen der Insel-Hauptstraße Lobbe – Thiessow und Groß Zicker (hin und zurück 4 km).

In Göhren mehrere Restaurants-Cafés. – In Middelhagen u. a. das Gasthaus Zur Linde mit Gartenterrasse, angeblich ältestes Gasthaus auf Rügen. – In Lobbe u. a. die Gaststätte Fischerstrand. – In Thiessow mehrere Restaurants-Cafés, Fisch-Imbiss. – In Klein Zicker das Restaurant Zum trauten Fischerheim. – In Groß Zicker zwei Gaststätten.

Bei Göhren der kilometerlange Nordstrand und der steinige Südstrand; zwischen Lobbe und Thiessow der kilometerlange Große Strand.

In Göhren alle Museen Mai–Sept 10–17 Uhr: Mönchguter Heimatmuseum, Bauern- und Schifferhaus, zur Geschichte der Region; Museumshof, Bauernhof aus dem 17. Jahrhundert; Museumsschiff „Luise"; das Rookhus, ein kleiner Fischerkaten. – In Middelhagen ein Schulmuseum im alten Küsterhaus, Mai–Sept 10–18 Uhr, ansonsten Di–So 10–17 Uhr. – In Groß Zicker das Pfarrwitwenhaus, Heimatmuseum und Kunstgalerie, April–Okt Mo–Sa 10–19, So 13–19 Uhr.

Kurverwaltung Göhren, Poststr. 9, 18586 Göhren,
Tel. 03 83 08/6 67 90, www.goehren-ruegen.de

Tourverlauf

Vom Parkplatz beim Museumsschiff „Luise" am südlichen Ortsrand von Göhren wenden wir uns nach links und folgen nach 25 m einem Fuß-/Radweg entlang einer quer verlaufenden Straße nach rechts. Wir passieren die erhöht stehende Kirche, steigen leicht an und halten uns nach einem Kilometer auf einer quer verlaufenden Pflasterstraße nach links (Radmarkierung: Baabe). Nur 150 m weit, dann biegen wir links ab auf einen breiten Sand-Kies-Weg und wenden uns wenig später erneut nach links auf einen Feldweg. Zwischen Wiesen und Viehweiden führt der Weg in das Dorf Middelhagen.

Info

Middelhagen bietet Besuchern neben reetgedeckten Häusern eine um das Jahr 1400 erbaute Kirche und, gleich bei der Kirche, ein kleines **Schulmuseum.** Außerdem, und an warmen Tagen sicherlich sehr geschätzt, steht hier das Hotel-Restaurant zur Linde mit einem teilweise schattigen Biergarten. Bekannt ist die „Linde" u. a. dadurch, dass es sich um das älteste Gasthaus auf Rügen handeln soll. Diesen Rang beansprucht allerdings auch der „Schifferkrug" in Kuhle auf der Halbinsel Wittow.

Auf der Ortsdurchfahrt wenden wir uns nach links, folgen aber nach 50 m einem rechts abzweigenden Klinker-Fuß-/Radweg, der auf einem niederen Deich entlang dem Schilfgürtel der Hagenschen Wiek verläuft. Nach 1,5 km lassen wir die Ortschaft Lobbe links liegen, überqueren am Ortsende die Durchgangsstraße Baabe – Middelhagen – Thiessow und folgen ihr nach rechts auf einem gepflasterten Fuß- und Radweg. Am Ende eines Campingplatzes führt der Weg in einen schmalen, bewaldeten Dünengürtel und verläuft schnurgerade, nun asphaltiert, zwischen der Straße und dem kilometerlangen Großen Strand. Wir passieren mehrere Zugänge zum Strand und die rechts nach Groß Zicker abzweigende Straße. Auf Höhe von Thiessow geht der Fuß- und Radweg in die Strandpromenade über, die wir erst an ihrem Ende bei einer Freilichtbühne nach rechts verlassen. Geradeaus führt die Strandstraße zur Ortsdurchfahrt.

Info

Das Seebad **Thiessow**, ein ehemaliges Fischer- und Lotsendorf, ist als südöstlichster Ort der Halbinsel Mönchgut auf drei Seiten von Wasser umgeben: Im Osten und Süden von der Ostsee bzw. vom Greifswalder Bodden, im Westen von der Bucht Zickersee, wo sich auch der Hafen befindet.

Während der alte Ortskern am Fuß des Lotsenbergs liegt, entstanden im Lauf der vergangenen Jahre recht viele neue Wohnhäuser, so dass sich das Dorf mittlerweile auf über 1,5 km Länge hinzieht. Die meerseitige Kante des Steilabfalls am Lotsenberg – mit Lotsenwache und dem Lotsenturm –, ist ein Aussichtpunkt, von dem aus die Insel Usedom zu sehen ist.

Der Ortsdurchfahrt folgen wir nach links und gelangen auf einem Radweg an der Straße kurz darauf nach Klein Zicker, wo die Straße am Ortsende kurz vor der Steilküste endet.

Info

Klein Zicker mit einigen reetgedeckten Häusern ist ein nettes Straßendorf und wird wegen seiner Lage am „Ende der (Rügen-) Welt", wegen der Steilküste und wegen der Gaststätte „Zum trauten Fischerheim" gern von Tagestouristen besucht.

Auf dem gleichen Weg kehren wir über Thiessow auf den Fuß- und Radweg im bewaldeten Dünengürtel zurück und biegen nach 3,5 km (ab Ortsrand Thiessow) links ab (Radmarkierung: Gager, Groß Zicker). Wir kreuzen die Straße und folgen einem teilweise schattigen Fuß-/Radweg neben der Straße. Nach 1 km wenden wir uns an einer Straßengabelung nach links und erreichen Groß Zicker.

Info

Eine alte Kopfsteinpflasterstraße führt stilgerecht durch das hübsche Straßendorf **Groß Zicker** mit seinen zahlreichen reetgedeckten Häusern, u. a. mit dem ca. 300 Jahre alten **Pfarrwitwenhaus**, das von einem Bauerngarten umgeben ist. Der Name ist völlig zutreffend, diente doch dieses Haus den Witwen der Dorfpfarrer als Wohnstätte. Heute erfüllt das Haus mehrere Funktionen: Es ist sowohl Heimatmuseum als auch Kunstgalerie, und hier finden literarische Veranstaltungen statt.

Zwischen Groß Zicker, das nach Süden zur kleinen Bucht Zickersee hin orientiert ist, und dem Hafendorf Gager am Nordufer der kleinen Halbinsel erstrecken sich die Zickerschen Berge, eine teilweise bewaldete Hügelkette mit dem Bakenberg

(65 m) als höchster Erhebung. Ein phantasievoller Kopf fand für diese Hügel die nette Bezeichnung „Zicker Alpen".

Wir kehren zurück auf den Fuß-/Radweg im bewaldeten Dünengürtel, wenden uns nach links und erreichen den Campingplatz bei Lobbe. Am Ortsbeginn von Lobbe folgen wir der Straße geradeaus in den Ort. In einer Linkskurve der Straße biegen wir an einer Gaststätte rechts ab auf eine breite Klinker-Straße. Wir passieren Ferienhaus-Anlagen und eine Klinik und erreichen nach knapp drei Kilometern (ab Lobbe) unseren Ausgangspunkt am Ortsrand von Göhren.

Im Dorf Middelhagen wurde der historische Ortskern bewahrt.

15

Ein Wasserschloss im Lieper Winkel (Usedom): Mellenthin – Morgenitz – Suckow – Rankwitz – Liepe – Warthe – Mellenthin

Der Lieper Winkel ist eine Halbinsel, die sich einige Kilometer nördlich des Städtchens Usedom zwischen dem Peenestrom und dem Achterwasser erstreckt. Noch bis gegen Ende des 19. Jahrunderts, als die erste Straße gebaut wurde, bewegten sich die Bewohner vor allem mit dem Boot, wenn sie unbedingt einmal ihre Abgeschiedenheit verlassen mussten. Abseits der Touristenströme liegt die Region auch heute noch; stattdessen stille Dörfer, winzige Häfen – eigentlich nur ein paar Bootsstege –, gelegentlich zum Trocknen aufgehängte Fischernetze und immer wieder Rinder auf den Weiden.

Toureninfos

Karte S. 99

km 37 km..

START Mellenthin, ein Dorf auf halber Strecke zwischen der Kleinstadt Usedom und dem Schmollensee.

P Gebührenfreier Parkplatz vor dem Wasserschloss Mellenthin.

Landschaftlich reizvolle Tour, die überwiegend durch sanft gewelltes Hügelland führt und folglich nicht nur bequem ist; mehrere Anstiege auf dem „Kernland" von Usedom zwischen Mellenthin, Morgenitz und Rankwitz, während die Halbinsel Lieper Winkel weitgehend flach ist. Unterschiedliche Wegverhältnisse: verkehrsarme Straßen und Sträßchen, Alleen, altes Kopfsteinpflaster in einigen Ortschaften, einzelne Abschnitte auf Klinkerstraße, Betonplatten-Wege und Sand-Kies-Wege.

In Mellenthin Restaurant-Café im Wasserschloss, Tische im Schlosshof; nahebei im Gutshof ein Restaurant mit Café, Gartenterrasse, geöffnet täglich ab 12 Uhr. – In Morgenitz zwei Gaststätten; – Im Hafen von Rankwitz, 1 km südlich des Orts, Fischräucherei mit Fischrestaurant. – In Rankwitz zwei Gaststätten. – Gaststätte in Liepe. – In Warthe eine Bierstube, am Ortsrand ein Hotel-Restaurant-Café mit Terrasse. – Gaststätte in der Ferienhaussiedlung bei Quilitz. – In Krienke ein Imbiss in einem „Tante-Emma-Laden".

Kleiner Strand bzw. Badeplatz beim Rankwitzer Hafen, bei Warthe und Quilitz.

In Morgenitz eine Keramikwerkstatt, Mo–Sa 11–13, 14–18 Uhr. – In Rankwitz ein Museumshof, Heimatmuseum, nur mit Voranmeldung, Tel. 03 83 72/7 05 25.

Tourismusverband Insel Usedom, Bäderstr. 5, 17459 Ückeritz, Tel. 03 83 75/2 34 10, www.usedom.de

Tourverlauf

Vom Parkplatz am Wasserschloss Mellenthin folgen wir einer schönen Kopfsteinpflaster-Allee, vorbei am netten Restaurant-Café Gutshof, zu der von alten Eichen umstandenen Kirche.

Info

Am Rand des gepflegten Dorfes **Mellenthin** steht ein **Wasserschloss** aus dem 16. Jahrhundert, an dem seit der Erbauung kaum eine Veränderung vorgenommen wurde. Während der DDR-Jahrzehnte wurde es völlig vernachlässigt, nahezu die gesamte Inneneinrichtung verschwand spurlos. Heute ist das Schloss erst zu einem Teil renoviert, aber die Erneuerung soll stetig weitergeführt werden, so dass die Anlage eines Tages wieder ein kulturhistorisches Juwel darstellen wird. Im mittlerweile renovierten Teil, der Haupthalle, wurde ein Restaurant-Café eingerichtet, und auch im Schlosshof werden Gäste bewirtet.

Bemerkenswert in der aus dem 14. Jahrhundert stammenden **Kirche** ist das mit Fresken geschmückte Kreuzrippengewölbe.

An der Kirche wenden wir uns nach rechts zum Ortsrand, wo die Ortsstraße endet und ein Betonplatten-Weg beginnt (Wander-/Radmarkierung: Burgwall), der am Waldrand in einen Sand-Kies-Weg übergeht und an einer „Schwedenschanze" vorbeiführt.

Info

„Schwedenschanze" nannte man bis vor etwa 150 Jahren fast jede Wallanlage, die man sich nicht erklären konnte. Erst als im 19. Jhdt. Hobby-Archäologen und die ersten Wissenschaftler mit Untersuchungen begannen, stellte man fest, dass solche Anlagen unterschiedlichsten Ursprungs waren. Die „Schwedenschanze"

Der Innenhof des Wasserschlosses Mellenthin.

bei Mellenthin stammt nicht aus dem 30-jährigen Krieg (1618–1648) oder aus den folgenden Jahrzehnten bis etwa 1720, dem Ende des Nordischen Kriegs – Russland, Schweden und Dänemark kämpften um die Vorherrschaft im Ostseeraum –, als schwedische Armeen im Heiligen Römischen Reich Deutscher Nation umherzogen. Hier handelt es sich um eine **slawische Wallanlage** aus dem 8.–10. Jahrhundert mit noch immer bis zu 5 m hohen Wällen. Die einstige Funktion der Anlage ist unklar. Denkbar sind mehrere Möglichkeiten: Entweder handelte es sich um den Sitz eines Stammesführers, wäre also eine Burg im heutigen Sinn; oder es handelte sich um eine Fliehburg, in die sich die Bevölkerung der Umgebung bei Gefahr zurückziehen konnte; oder, drittens, es handelte sich um ein Heiligtum.

Der Weg mündet in ein quer verlaufenden Sträßchen, dem wir nach links folgen. Zwischen Wiesen und Viehweiden erreichen wir das Dorf Dewichow, wenden uns nach links (Ausschilderung: Morgenitz) und gelangen nach Morgenitz. Im Ort folgen wir der Ortsdurchfahrt durch eine S-Kurve (Radmarkierung: Suckow).

Info

Das Dorf **Morgenitz** gilt als „ländlich-intaktes" und, neben Stolpe nahe der Stadt Usedom, als malerischstes Dorf auf Usedom: Reetgedeckte Bauernhäuser an der Kopfsteinpflaster-Straße, Linden und Maulbeerbäume an der Kirche mit dem frei stehenden Glockenturm, auf dem Friedhof die Gräber ertrunkener Fischer und eine Sammlung bronzezeitlicher Getreide-Mahlsteine.

Durch eine ruhige Landschaft mit Wäldchen, Wiesen und Gruppen alter Bäume radeln wir knapp zwei Kilometer weit zum kleinen Ort Suckow und halten uns rechts auf eine asphaltierte Allee. Nach einem kurzen Anstieg sehen wir links an der Straße die riesige Suckower Eiche mit ihrer ausladenden Krone. Vor Hunderten von Jahren wurde diese Eiche auf einem Großsteingrab gepflanzt.

Info

Der Umfang des Stammes der **Suckower Eiche** beträgt etwa 5,5 m und beweist dadurch, dass der Baum uralt sein muss. Untersuchungen ergaben ein Alter von ca. 1000 Jahren; Nachforschungen in Archiven erbrachten die Erwähnung dieser Eiche als markanten Grenzpunkt – eine Art Markstein – in einer Urkunde des 13. Jahrhunderts, womit ein Mindestalter von mehr als 700 Jahren belegt ist.

In leichtem Auf und Ab verläuft die Straße in nördlicher Richtung und führt an der Ortschaft Krienke vorbei. Die schnurgerade Straße, anfangs noch als Birkenalle, ist sehr bequem zu befahren, führt durch ein kleines Waldgebiet und am Hafen von Rankwitz vorbei in den leicht erhöht liegenden Ort Rankwitz, der über ein kleines Heimatmuseum verfügt, den „Heimathof Lieper Winkel".

Info

Der **Rankwitzer Hafen**, etwa einen Kilometer südlich von Rankwitz gelegen, wurde vor einigen Jahrzehnten als Standort einer Fisch-Produktionsgenossenschaft gebaut und unterscheidet sich stark von den übrigen Häfen im Lieper Winkel, die zumeist nur aus einigen hölzernen Bootsstegen am Schilfufer bestehen. Heute legen hier Freizeitboote an und erholen sich Urlauber in einigen Ferienhäuschen. In einer Fischräucherei kann man Fisch kaufen, in der angeschlossenen Gaststätte kann man Fischgerichte vor Ort genießen.

Geradeaus fahren wir durch Rankwitz und steigen leicht an am Jungfernberg, der trotz der geringen Höhe von 18,5 m ein ausgezeichneter Aussichtspunkt ist. Der Ausblick umfasst den Peenestrom und die Peenestrom-Ausbuchtung Achterwasser mit dem schmalen Landstreifen, auf dem die Usedomer Seebäder liegen. Durch leicht gewelltes Gelände gelangen wir nach Liepe.

Info

Nach dem Dorf **Liepe**, im Zentrum der Halbinsel gelegen, wurde die Halbinsel als Lieper Winkel bezeichnet. Das Dorf war seit der Gründung im Mittelalter der Hauptort der wenigen Ortschaften und erhielt eine **Kirche**, die wohl um das Jahr 1200 erbaut wurde und als Usedoms älteste Kirche gilt. Ein Fresco im Kirchenraum stammt vermutlich aus der Zeit, als die Kirche gebaut wurde.

Die folgende Wegstrecke von wenigen Kilometern über Warthe und Quilitz nach Rankwitz ist recht bequem. In Liepe halten wir uns an einer Straßengabelung links (Ausschilderung: Warthe) und folgen der Landstraße in den ruhigen Ort Warthe. An einer kleinen Verkehrsinsel biegen wir links ab (Radmarkierung: u. a. Quilitz), wenden uns nach 50 m erneut nach links und gelangen auf einem Landsträßchen nach Warthe Ausbau. Kurz nach dem Ortsende knickt die Straße rechts ab zum Ufer des Peenestroms.

Info

Der **Peenestrom**, der sich seeartig verbreitert zum **Achterwasser**, ist der westliche Mündungsarm der Oder. Spandowerhagen nördlich der Stadt Wolgast auf dem Festland und Peenemünde auf Usedom liegen an der Mündung des Peenestroms in den Greifswalder Bodden. Die Oder verbreitert sich nördlich von Stettin zu dem riesigen, etwa 20 km breiten Stettiner Haff und entwässert über zwei breite Flussarme in die Ostsee. Der östliche Oder-Mündungsarm ist die Swina (deutsch: Swine), die bei Swinemünde in die Pommersche Bucht (auch: Oderbucht) fließt. Will man großzügig definieren, so kann man Usedom als Insel in der Odermündung bezeichnen.

In diesem Rechtsknick der Straße halten wir uns geradeaus (Radmarkierung: Quilitz) auf einen Sand-Kies-Weg und fahren in geringer Entfernung zum Ufer des Peenestroms abwechselnd zwischen Wiesen und Viehweiden bzw. am Waldrand entlang nach Quilitz. Wer eine Badepause einlegen möchte, wendet sich im kleinen, netten Ort nach rechts zum Ufer des Peenestroms (Abstecher hin und zurück 800 m). Wir aber fahren geradeaus weiter nach Rankwitz.

Beim „Heimathof Lieper Winkel" stoßen wir auf die Straße, auf der wir von Suckow hierher gelangten. Wir folgen der Straße 2,5 km weit und biegen links ab nach Krienke (Radmarkierung: Morgenitz). Im Ort folgen wir nach rechts (Ausschilderung: Morgenitz) einer Klinkerstraße, die in Kurven durch eine leicht gewellte Viehweiden- und Wiesenlandschaft nach Morgenitz führt. In der Ortsmitte halten wir uns geradeaus (Ausschilderung: Mellenthin), steigen kurzzeitig recht steil an und kehren im nun hügeligen Gelände zurück nach Mellenthin.

16

Seebäder beiderseits der Grenze (Usedom): Ahlbeck – Świnoujście/Swinemünde – Ahlbeck

Vorweg: Für den Grenzübertritt benötigen wir den Personalausweis!

Eine interessante Tour aufgrund der Kontraste: Einerseits Ahlbeck mit renovierten Gebäuden, makellosen Straßen, gepflegter Strandpromenade, Hotels, Pensionen und Restaurants aller Güteklassen, mit belebtem Strand und bunten Strandkörben; andererseits Świnoujście mit ersten Ansätzen von Renovierungen, holprigen Straßen, vernachlässigt wirkender Strandpromenade und einfachen Kiosken.

Aus Gründen, die darzulegen den Rahmen sprengt, ist dieser Vergleich zwar fragwürdig, aber er dient eben der Kurzcharakterisierung der Tour. Eine der Wurzeln der oben genannten Unterschiede soll dennoch erwähnt werden: Während Ahlbeck seit über 100 Jahren reines Seebad ist und den 2. Weltkrieg unbeschadet überstand, war Swinemünde außer Seebad auch Industrie- und Hafenstadt, die in den letzten Tagen des Kriegs einen fürchterlichen Luftangriff erlebte. Die Stadt wurde weitgehend zerstört, mehr als 20 000 Menschen starben. Am Golm, wenige Kilometer südlich von Ahlbeck, wurde bei den Massengräbern eine Gedenkstätte eingerichtet.

Toureninfos

km 16 km.

START Ahlbeck, beliebtes Seebad auf der Insel Usedom.

P Gebührenpflichtiger Parkplatz am Bahnhof Ahlbeck.

Usedomer Bäderbahn Wolgast – Zinnowitz – Ahlbeck.

Kurze, bequeme Tour ohne Anstiege zur Strandpromenade von Swinemünde, am Fluss Swina entlang und durch die Stadtmitte

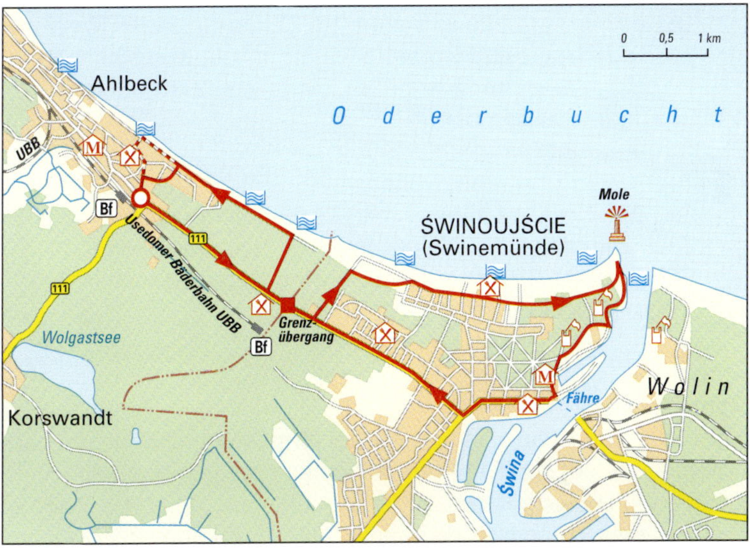

zurück zur Grenzstation; am Ostseestrand nach Ahlbeck. Unterschiedliche Wegverhältnisse: asphaltierter Fuß-/Radweg an der B 111 bis zur Grenze, sowohl ruhige als auch verkehrsreiche Straßen in Swinemünde, Sand-Kies-Wege, teilweise holpriges Kopfsteinpflaster, sehr breiter Klinker-Fuß-/Radweg von Swinemünde zurück zur Grenze, Fuß- und Radweg auf Küstendeich bis Ahlbeck, Strandpromenade in Ahlbeck.

An der Grenze eine Gaststätte am „Grenzmarkt". – Imbiss-Stände an der Swinemünder Strandpromenade; wenige Gaststätten bzw. Cafés in der Stadt, u. a. Cafeteria an der Ablegestelle der Swina-Fähre; zahlreiche Restaurants-Cafés in Ahlbeck.

Breiter Ostseestrand bei Swinemünde; kleiner Strand an der Swina-Mündung; in Ahlbeck ein kilometerlanger Strand und die Ostseetherme, subtropisches Bad mit Wellnessbereich und Kurmittelhaus.

In Swinemünde, in der Nähe der Swina-Stadtfähre, Museum für Hochseefischerei, Di–Fr 9–16 Uhr, Sa/So 11–16 Uhr. – In Ahlbeck eine Heimatstube, Mo–Do 9–12 Uhr, Di 14–17 Uhr;

Ostseetherme Usedom, Mo–Mi 10–21, Do 11–21, Fr 10–22, So 10–20 Uhr. – Usedomer Bäderbahn (Wolgast -) Zinnowitz – Ahlbeck, täglich im Stundentakt, zwischen ca. 10 Uhr und 15 Uhr im Halbstundentakt.

i Touristeninformation, Dünenstr. 45, 17419 Ahlbeck, Tel. 03 83 78/2 44 97, www.drei-kaiserbaeder.de; – Touristeninformation, ul. Gierczak 2, Świnoujście (Polen), Tel. 0048-91-3 22 49 99, www.Świnoujście.pl. (auch in deutscher Sprache).

Tourverlauf

Vom Bahnhof Ahlbeck fahren wir auf den Ort zu, überqueren nach wenigen Metern die B 111 und folgen ihr nach rechts auf einem asphaltierten Fuß-und Radweg, der schnurgerade durch ein Waldgebiet zur deutsch-polnischen Grenze führt. Dabei passieren wir unmittelbar vor der Grenze den „Grenzmarkt", einen Dauer-Jahrmarkt, auf dem auch Lebensmittel verkauft werden.

Nach dem problemlosen Grenzübertritt folgen wir geradeaus einem breiten Klinkerweg entlang einer breiten, wunderschönen Kopfsteinpflaster-Allee, auf der zahlreiche Pferdedroschken und Taxis unterwegs sind. Sie bringen deutsche Besucher zu einer Budenstraße an dieser Allee, in der so gut wie alles zu haben ist, was einigermaßen leicht zu transportieren ist. Nach etwa 300 m wenden wir uns nach links in die erste abzweigende Straße, eine breite Waldstraße, die schnurgerade auf den breiten Strand zuführt. Auf Höhe eines großen Parkplatzes zu unserer Linken biegen wir rechts ab (3-sprachige Radmarkierung: Leuchtturm) – geradeaus sind es auf einem sandigen Weg 50 m zum Strand – und gelangen auf der breiten Straße zwischen dem Dünenwald zur Linken und dem Waldrand nach Swinemünde.

Info An der Ostseeküste liegt das erst im 19. Jahrhundert entstandene **Seebad Swinemünde/Świnoujście**, am Fluss Swina liegt die alte Stadt Swinemünde. Schon um 1820 begann hier bei Swinemünde der Badetourismus, womit Swinemünde das älteste Seebad auf Usedom ist. In einer speziell angelegten Parklandschaft wurden Villen erbaut im Stil des Klassizismus, dann auch im Jugendstil, und es entstand eine Stadt für sich. Auch heute noch trennt ein Park- und Waldgürtel die beiden Stadtbereiche.

Die **„alte" Stadt Swinemünde** befand sich einst am Westufer der Swina, dehnte sich aber über den Fluss auf die Insel Wolin (deutsch: Wollin) aus, wo sich nun Industrie- und Hafenanlagen, aber auch Wohnsiedlungen befinden. Da eine Brücke über den Fluss fehlt, verbinden Fähren die Stadtteile miteinander. Einen alten Stadtkern gibt es nicht mehr. Alliierte Bomber verwandelten in einer Märznacht des Jahres 1945 die Stadt in ein Inferno, 23 000 Menschen starben und wurden in Massengräbern südlich der Stadt beigesetzt. Heute ist dieses Gelände am Golm, in der Nähe des Hafenorts Kamminke, eine Gedenkstätte; von Ahlbeck aus per Pkw leicht zu erreichen.

An der Swina-Mündung befindet sich eine weitläufige, mittlerweile weitgehend überwachsene **Festungsanlage** mit einem Pendant am anderen Flussufer zum Schutz der Zufahrt zum Stettiner Haff; leider darf die Anlage nicht betreten werden. Ebenfalls an der Flussmündung, am Ende einer in die Ostsee hinausragenden Mole, steht eine interessante Mühlenbake; von hier draußen bietet sich bei guter Sicht ein herrlicher Blick auf die Küste Usedoms.

Da die Straße zu einer Einbahnstraße mit entgegengesetzter Fahrtrichtung wird, weichen wir links auf einen Sand-Kies-Weg aus und passieren die ersten Villen. Wenig später beginnt die sehr breite Strandpromenade, auf der ein weißer Mittelstreifen Fußgänger von Radlern trennt; Radler müssen rechts des Streifens bleiben! Wir passieren zahlreiche Kioske mit Sitzgelegenheiten, müssen dann rechts auf die Straße ausweichen, da ein längerer Abschnitt der Promenade für Radfahrer gesperrt ist. Auf dem Gehweg rechts neben der Straße verläuft ein Radstreifen, erkennbar an den hellen Bodenplatten. Am Ende der Straße wenden wir uns auf einer Querstraße nach links wieder zur Strandpromenade; allerdings müssen wir nun die Räder 250 m weit schieben bis zum Ende der Promenade.

Geradeaus führt eine breite, ruhige Straße an einem Campingplatz vorbei und durch den Küsten-Mischwald; der Wald rechts der Straße ist Teil der im 19. Jahrhundert angelegten Parkanlage. Ehe wir am Ende der Straße an einer Wendeplatte rechts abbiegen, machen wir geradeaus einen Abstecher zum Strand und zu einer Mole an der Swina-Mündung, die einen herrlichen Ausblick bietet. Entlang der Usedomer Ostseeküste blicken wir auf die drei Kaiserbäder Ahlbeck, Heringsdorf und Bansin; auf polnischer Seite sehen wir die Küste der Halbinsel Wolin und auch das Ufer des Flusses Swina mit einem Leuchtturm und den dort befindlichen Hafenanlagen.

Info Der nur ein paar Kilometer lange Fluss **Swina** ist die Verbindung des Stettiner Haffs mit der Ostsee, wobei das Stettiner Haff wiederum eine riesige Verbreiterung der **Oder** darstellt, d. h. die Swina ist ein Mündungsarm der Oder. Der andere große Mündungsarm der Oder ist der Peenestrom, der bei Peenemünde in den Greifswalder Bodden mündet.

Wir kehren zur Wendeplatte zurück und biegen links ab auf einen holprigen Betonplatten-Weg. Nach 50 m, kurz vor dem kleinen Sandstrand am Swina-Ufer, biegen wir rechts ab in den Wald. Zuvor aber, nur ein paar Meter weiter geradeaus, machen wir einen Abstecher zum Sandstrand am Swina-Ufer. Hier können wir den recht regen Schiffsverkehr auf dem Fluss beobachten – u. a. die Schiffe der „Adler-Flotte", die von den Hafenorten auf Usedom Ausflugs- und „Butterfahrten" unternehmen – und auch Angler, die hüfthoch in der Swina stehen. Ein breiter, sandiger Weg führt durch den Uferwald, berührt gelegentlich das Schilfufer der Swina und geht an einer ausgedehnten Festungsanlage in ein Kopfsteinpflaster-Sträßchen über. Leider kann die Festung nicht erkundet werden. In einigen Festungsräumen und -gewölben, die von dem Sträßchen aus zugänglich sind, wurden Warenlager und kleine Werkstätten eingerichtet. In geringer Entfernung zum Swina-Ufer, zwischen einem Hafenbecken zur Linken und dem Waldrand, erreichen wir schließlich den Stadtrand des „alten" Swinemünde.

Auf der ersten quer verlaufenden Straße wenden wir uns nach links zum Kai für Personenschiffe und entlang des Kais zur Ablegestelle der Stadtfähre. Auf der anderen Straßenseite befindet sich ein Museum für Hochseeschifffahrt. Hier halten wir uns rechts in das Stadtzentrum, fahren an einem verkehrsreichen, etwas unübersichtlichen Kreisverkehr eine halbe Drehung und biegen rechts ab in die Hauptstraße Wojska Polskiego. Zwischen Geschäftshäusern und Wohnblocks führt die Straße schnurgerade aus dem Zentrum hinaus in Richtung Grenze. Wo links der Straße die Bebauung endet und sich ein weitläufiger Park erstreckt, beginnt die schöne Kopfsteinpflaster-Allee, die wir kurz nach dem Grenzübertritt schon kennengelernt haben. Links neben der Straße beginnt hier ein sehr breiter Klinker-Fuß-/Radweg, der schnurgerade zum Grenzübergang führt.

Info Auf der rechten Straßenseite erstreckt sich eine Budenstraße bis kurz vor die Grenze. Wer sich das Warenangebot ansehen möchte, muss das Rad abstellen. Die Gasse zwischen den dicht aneinander gereihten Marktständen ist eng. Die Preise sind insgesamt niedrig und locken deutsche Käufer in Scharen über die

Grenze, aber etwas Vorsicht beim Kauf ist angebracht: Nicht alles ist billig, und ein Teil des Angebots an Markenartikeln ist gefälschte „Piratenware". Einige Händler bieten Lebensmittel an, und wer Hunger oder Durst verspürt, kann sich an einem der Imbiss-Stände verköstigen.

Nach dem Grenzübergang biegen wir gegenüber der Einfahrt des großen Grenz-Parkplatzes rechts ab (Radmarkierung: Radwanderweg) auf einen Betonplatten-Weg, der durch Wald 700 m weit zur Küste führt. Auf dem bei Spaziergängern und Radfahrern gleichermaßen beliebten Küstendeich wenden wir uns nach links, passieren mehrere Zugänge zum Strand und erreichen die ersten Häuser von Ahlbeck. Nach ca. 700 m beginnt die breite Strandpromenade, auf der die Wege für Fußgänger und Radfahrer durch Grünstreifen und

In Ahlbeck blieb die historische Seebrücke aus dem Jahr 1899 erhalten.

Blumenrabatten voneinander getrennt sind; diese Trennung sollte strikt eingehalten werden! Auf unserem Weg passieren wir mehrere Hotels, Pensionen und Restaurants, ehe wir nach weiteren 600 m die Seebrücke erreichen, das lebhafte Zentrum der Flaniermeile.

Info

Das **Seebad Ahlbeck** ist das größte Ostseebad auf Usedom, abgesehen von Swinemünde. Weitere Usedomer Superlative sind die im Jahr 1898 errichtete Seebrücke, die älteste Seebrücke auf Usedom, und die Tatsache, dass Ahlbeck das östlichste der drei **„Kaiserbäder"** ist, nur zwei Kilometer von der deutsch-polnischen Grenze entfernt. Während in den beiden anderen „Kaiserbädern", Heringsdorf und Bansin, die Reichen von Stand logierten bzw. ihre eigenen Villen stehen hatten, setzte Ahlbeck auf weniger begüterte Familien. Diese Tradition hat sich bis heute fortgesetzt. Infolgedessen sind hier weniger stilvolle und weniger pompöse Hotels und Villen zu finden als in Heringsdorf und Bansin.

Der Ahlbecker Badetourismus setzte vergleichsweise spät ein. Bansin und Heringsdorf waren schon längst renommierte Badeorte, als auch Ahlbeck seinen Bauboom erlebte. Allerdings entstanden keine Luxusherbergen, sondern einfachere, erschwingliche Behausungen für breite Bevölkerungskreise. Vor allem Besucher aus der deutschen Hauptstadt Berlin zog es nach Ahlbeck; daher rührt auch die humorige, aber treffende Bezeichnung „Badewanne Berlins".

Auf Höhe der Seebrücke steht auf der Strandpromenade eine große, auffällige Jugendstil-Uhr; sie wurde der Gemeinde kurz vor dem 1. Weltkrieg von einem Besucher zum Geschenk gemacht.

Damit Badegäste sich nicht nur im Sommer nach Ahlbeck aufmachen, sondern ganzjährig, witterungsunabhängig baden können, wurde die **Ostseetherme Usedom** gebaut, in der subtropische Bedingungen herrschen; angeschlossen sind das Kurmittelhaus und ein Wellness-Bereich.

Für die Rückkehr zum Bahnhof, unserem Ausgangspunkt, haben wir die Wahl: Entweder wir wenden uns auf Höhe der Seebrücke nach links in die Neue Straße und versuchen, uns in dem verwirrenden Einbahnstraßensystem zurecht zu finden, oder aber wir kehren zurück zum Beginn der Strandpromenade und finden relativ leicht zum Bahnhof. Wir empfehlen die zweite Möglichkeit. Am Beginn der Strandpromenade wenden wir uns nach rechts in die Bergstraße, die in einem Rechtsbogen verläuft. An der nächsten Kreuzung nach links in die Straße Siedlung Ostende, gleich darauf geradaus über eine weitere Kreuzung und an der folgenden Kreuzung rechts in die Bahnhofstraße. Wenig später überqueren wir die Durchgangsstraße B 111 und erreichen den Bahnhof.

Der Ostsee-Radfernweg: Lübeck – Insel Usedom

Der mecklenburgisch-vorpommersche Ostsee-Radfernweg beginnt in Priwall, am Ostufer der Trave auf Höhe von Travemünde, und endet in Ahlbeck auf der Insel Usedom. Die Strecke beträgt 390 km. Wir allerdings schlagen vor, die Tour in Lübeck zu beginnen; die Streckenlänge beträgt dann 416 km.

Wir vermuten, dass so manche Radler mit der Bahn anreisen werden und somit in Lübeck umsteigen müssen in die Bahn nach Travemünde – und wenn man schon in Lübeck ist, sollte man die Altstadt unbedingt erkunden; warum also nicht gleich per Fahrrad?

Folglich haben wir den Ostsee-Radfernweg kurzerhand verlängert um die Strecke Lübeck – Travemünde (26 km).

Vorschlag zur Einteilung der Etappen

1. Tag: Lübeck – Wismar (84 km)
2. Tag: Wismar – Warnemünde (66 km)
3. Tag: Warnemünde – Zingst (69 km)
4. Tag: Zingst – Stralsund (55 km)
5. Tag: Stralsund – Greifswald (33 km)
6. Tag: Greifswald – Ahlbeck (83 km)

Das wichtigste Kriterium für die Einteilung der Tagesetappen sind die vorhandenen Jugendherbergen. Etwas kurz geraten ist daher die 5. Tagesetappe von Stralsund nach Greifswald. Zwischen Stralsund bzw. Devin (Jugendherberge), 7 km südöstlich von Stralsund gelegen, und Heringsdorf/Ahlbeck (Usedom) gibt es ansonsten keine weitere Jugendherberge, so dass die Etappe mit 116 km sehr lang wäre.

Jugendherbergen an der Strecke

1. Tag (Lübeck – Wismar): In Lübeck. – Priwall. – Boltenhagen. – Beckerwitz Ausbau, wenige Kilometer vor Wismar. – Wismar.
2. Tag (Wismar – Warnemünde): Kühlungsborn. – Warnemünde.

3. Tag (Warnemünde – Zingst): 3 km nordwestlich von Born a. Darss. – Zingst.
4. Tag (Zingst – Stralsund): 2 km östlich von Barth – Stralsund.
5. Tag (Stralsund – Greifswald): Devin, 7 km südöstlich von Stralsund – Greifswald.
6. Tag (Greifswald – Heringsdorf/Ahlbeck): Heringsdorf.

Campingplätze an der Strecke

1. Tag (Lübeck – Wismar): Ivendorf, 2 km südlich von Travemünde – Priwall – Boltenhagen – Niendorf – Zierow.
2. Tag (Wismar – Warnemünde): Boiensdorf – Pepelow – Rerik – Kühlungsborn – Börgerende.
3. Tag (Warnemünde – Zingst): 2 km nördlich von Markgrafenheide – Graal-Müritz – Neuhaus – Dierhagen – Born a. Darss – Prerow – Zingst.
4. Tag (Zingst – Stralsund): Pruchten, 6 km vor Barth – Zeltmöglichkeit an der Jugendherberge bei Barth – Stralsund.
5. Tag (Stralsund – Greifswald): Stahlbrode (an der Fähre nach Rügen), 3 km nordöstlich von Reinberg.
6. Tag (Greifswald – Heringsdorf/Ahlbeck): Loissin, 4 km westlich von Lubmin – Freest – Trassenheide – Zinnowitz – Zempin – Koserow – Ückeritz – zwischen Ückeritz und Bansin.

Markierung:

Es gibt (noch) kein Amt und auch keine Organisation, die sich um den Ostsee-Radfernweg kümmert. Dies bedeutet, dass er leider nicht durchgängig markiert ist. Manche Strecken sind sehr gut ausgeschildert, andere Abschnitte wiederum überhaupt nicht. Oft sind Markierungen vorhanden, die sich aber auf lokale Touren beziehen.

1. Tag: Lübeck – Wismar

Von der Hansestadt Lübeck (Schleswig-Holstein) nach Travemünde, Trave-Fähre nach Priwall (Mecklenburg-Vorpommern) und durch eine sanfte Hügel-Landschaft an die Küste des Klützer Winkels. Zwischen den langen Sandstränden an der Lübecker Bucht und an der Wismarbucht liegt der lebhafte Badeort Boltenhagen. Der letzte Streckenabschnitt nach Wismar verläuft, mit einigen Anstiegen, quer über Land.

Toureninfos

Karte S. 2/3

km 84 km; bei Tourbeginn in Travemünde/Priwall nur 58 km.

START Hansestadt Lübeck (ca. 200 000 Einwohner).

P Bei Anfahrt mit Kfz: Gebührenfreie Parkmöglichkeiten an der Possehlstraße. Anfahrt: Vom Hauptbahnhof in Richtung Altstadt und vor dem Holstentor nach rechts (Ausschilderung: Fernverkehr, Stadion) in die breite Possehlstraße; nach ca. 800 m Parkmöglichkeiten in der Nähe des Stadions.

Lübeck ist Station an der Bahnlinie Hamburg – Oldenburg (-Fehmarn); Travemünde hat Bahnverbindung mit Lübeck. Wismar ist Station an der Linie Lübeck – Rostock.

In Lübeck und entlang der Trave nahezu eben, anschließend in leichtem Auf und Ab nach Travemünde; Trave-Fähre nach Priwall und in sanft gewellter Landschaft an die Küste; mehrere

Der Bootshafen von Priwall und das Hotel Maritim in Travemünde.

kurze Anstiege bis Boltenhagen bzw. Wohlenberg, bequem entlang der Bucht Wohlenberger Wiek, mehrere Anstiege bis Wismar. Wegverhältnisse: Straßen und ruhige Landsträßchen, teilweise kurzzeitig mit Kopfsteinpflaster, asphaltierte Radwege, Sand-Kies-Wege, Betonplatten-Wege.

Freibad in Lübeck, Strand und Erlebnisbad in Travemünde, Strände bei Priwall, Groß Schwansee, Brook, Steinbeck, Boltenhagen, entlang der Bucht Wohlenberger Wiek, Strand bei Wismar; in Wismar Erlebnisbad Wonnemar.

Zu Sehenswürdigkeiten in Lübeck siehe Tour 1 – Viermastbark „Passat" in Priwall, Mai–Sept täglich 10–17 Uhr. – Dorfmuseum in Fliemstorf, auf Schlossgelände, Di/Do/Sa/So 14–16 Uhr. – In Wismar Stadtgeschichtliches Museum im Schabbellhaus, Mai–Okt Di–So 10–20 Uhr, Nov–April 10–17Uhr; Erlebnisbad Wonnemar, Mai–Sept täglich 10–21 Uhr, Okt–April So–Do 10–22 Uhr, Fr/Sa 10–23 Uhr.

Tourist Information, Breite Straße 62, 23552 Lübeck, Tel. 0 18 05/88 22 33, www. luebeck-tourismus.de; – Touristbüro, Strandpromenade 1 b, 23570 Travemünde, Tel. 0 45 02/8 04 30, www.travemuende.de; – Kurverwaltung, 23946 Boltenhagen, Ostseeallee 34, Tel. 03 88 25/36 00, www.boltenhagen.de; – Tourismus- und Heimatverein Wohlenberger Wiek und Umland, Kirschenallee 24, 23968 Proseken, Tel. 03 84 28/6 04 59 und 6 00 85. – Fremdenverkehrsamt, 23948 Klütz, Schlossstr. 34, Tel. 03 88 25/2 22 95. – Tourist-Information, Am Markt 11, 23966 Wismar, Tel. 0 38 41/1 94 33, www.wismar.de

Tourverlauf

In Lübeck vom Hauptbahnhof auf einem Radweg an der Straße zum Holstentor. Wenn man Lübeck per Kfz anfährt, vom Parkplatz in der Possehlstraße auf dem Radweg an der Straße zurück in Richtung Bahnhof und nach rechts, am Holstentor vorbei, in die Altstadt.

Zur **Altstadt von Lübeck** und zur Beschreibung des **Wegverlaufs nach Travemünde** siehe Tagestour 1 (Lübeck – Travemünde).

In Travemünde setzen wir mit der Autofähre nach Priwall über und wenden uns an der Anlegestelle sofort nach links (Ausschilderung: Ostsee-Radweg). Auf dem Uferweg radeln wir an der Trave entlang, vorbei am Hafen mit der Viermastbark „Passat", und wenden uns am Ortsende auf einem Radweg an der Straße Priwall – Pötenitz nach links. Nach einigen hundert Metern verlassen wir die Straße nach links und schneiden einen weiten Bogen der Straße ab.

Hinweis: Im Gebiet Priwall/Pötenitz – Groß Schwansee wird an Radwegen gebaut; wie demnächst der Radweg verlaufen wird, ist derzeit nicht ersichtlich.

Geradeaus fahren wir durch Pötenitz und auf einer kurvenreichen Landstraße in leichtem Auf und Ab zwischen riesigen Feldern nach Harkensee. Am Ortsbeginn biegen wir links ab (Ausschilderung: Strand, Neuenhagen) und folgen wenig später einem Sträßchen in Richtung Neuenhagen. Kurz vor Neuenhagen wenden wir uns nach links (Ausschilderung: u. a. Groß Schwansee; Radmarkierung: Boltenhagen), passieren die wenigen Bauernhöfe von Klein Schwansee und folgen der Dorfstraße durch Groß Schwansee zu einem Schloss (Privatbesitz). Hier halten wir uns links und gelangen auf einem breiten Klinkerweg an den Strand. Nach rechts entlang der Küste führt ein asphaltierter Weg (Radmarkierung: Ostseeradfernweg), der in einen Betonplatten-Weg übergeht, zum Strand von Brook und weiter in die Ortschaft Steinbeck; hier verlassen wir den Strand.

Tipp

Wer sich die Strecke zwischen Brook und Steinbeck auf dem etwas mühsamen Küstenweg ersparen möchte, wendet sich am Strandzugang von Brook nach rechts in den Ort und folgt der Ortsdurchfahrt nach links; durch Warnkenhagen und Elmenhorst; am Ortsende Elmenhorst an der Gaststätte Eicheneck links abbiegen (Radmarkierung: Boltenhagen) nach Steinbeck.

In Steinbeck folgen wir – von der Küste kommend – nach links der Landstraße, halten uns in Redewisch Ausbau an einer Gabelung links, gleich darauf an einer weiteren Gabelung erneut links und erreichen den Aussichtspunkt Großklützhoved an einer Steilküste (ca. 30 m), den nördlichsten Punkt des Klützer Winkels. Von hier blicken wir über die Lübecker Bucht auf die schleswig-holsteinische Küste und über die Wismarbucht. Der Fahrweg führt weiter nach Redewisch, wo wir der Ortsdurchfahrt nach links folgen zum Strand und auf einem Fuß-/Radweg an der Straße nach Boltenhagen gelangen.

Badeort **Boltenhagen** und **Klützer Winkel** siehe Tour 2.

Geradeaus fahren wir an der Ortsdurchfahrt – der Gehweg ist auch Radweg – durch das lebhafte Boltenhagen; die Strandpromenade ist für Räder gesperrt! Am Ortsende knickt die Hauptstraße rechts ab, und im benachbarten Tarnewitz endet der Fuß-/Radweg. Hier nach links in die Straße Stadtweg. Am Ortsende führt ein Sand-Kies-Weg weiter, der sich zu einem Sand-Kies-Sträßchen verbreitert. Nach 1,5 km auf einem querlaufenden Weg nach links, vorbei an den wenigen Häusern von Tarnewitzer Camp (mit „Radler-Café"), zur zeitweise stark befahrenen Straße Klütz – Wohlenberg.

Ihr folgen wir nach links, durchfahren Wohlenberg und gelangen entlang dem Strand an der Wohlenberger Wiek, vorbei am Campingplatz von Niendorf, zu einem weiteren Campingplatz und steigen nun kurzzeitig recht steil an. Wir biegen links ab (Radmarkierung), passieren Beckerwitz Ausbau und wenden uns nach rechts (Radmarkierung). In einer sanft gewellten Landschaft führt die Straße, streckenwiese als Allee von Weiden (-bäumen) nach Beckerwitz. Auf der Ortsdurchfahrt nach links, im Ort an einer Gaststätte rechts abbiegen (Radmarkierung) und in mehreren kurzen Anstiegen zu einer Gabelung – hier ein Rastplatz –, an der wir uns links halten in Richtung Zierow. Wir passieren die reetgedeckten Häuser von Eggerstorf, folgen in Zierow der Vorfahrtstraße geradeaus und wenden uns nach 300 m nach links (Ausschilderung: Fliemstorf). Durch Fliemstorf und mit Blick auf die Wismarbucht gelangen wir nach Hoben. Durch das ehemalige Fischerdorf, das aus nur wenigen reetgedeckten Häusern besteht, zur Küste hinunter und nach rechts auf einem Sand-Kies-Weg entlang der Küste nach Wendorf, einem Ortsteil von Wismar.

An der Wendorfer „Seebrücke" nach rechts durch einen kleinen Park zur Ernst-Scheel-Straße. Auf ihr nach links (Radmarkierung) durch die weitläufige Siedlung mit mehrstockigen Wohnblocks. Die Straße knickt rechts ab, wir aber halten uns geradeaus in eine schmalere Wohnstraße und an deren Ende auf einen Fuß-/Radweg, der durch eine Kleingartenanlage zur Lübsche Straße (B 105) führt. Nach links auf einem Radweg an der Straße zu einem Kreisverkehr am Rand der Altstadt, und danach geradeaus in die Altstadt von Wismar.

Info

Die Hansestadt **Wismar** (knapp 50 000 Einwohner), einst eine reiche Stadt, verlor im 16. Jahrhundert mit dem allmählichen Absinken der Hanse in die Bedeutungslosigkeit ihre hervorragende Stellung. Einige Industriebetriebe, u. a. die Dornier-Flugzeugwerke und die Werft, sorgten im 20. Jahrhundert wieder für Aufschwung, machten Wismar aber auch zum Ziel von alliierten Bombenangriffen im 2. Weltkrieg; glücklicherweise blieb die Altstadt weitgehend verschont.

Die Türme dreier **Backstein-Kirchen** prägen die Stadtsilhouette: St. Nikolai mit mehreren sehenswerten Altären, St. Georgen und St. Marien, von der allerdings nur noch der Turm steht. Zentrum der Stadt ist der Markt, einer der größten Marktplätze Norddeutschlands, mit der **Wasserkunst**, einem Wasserspeicher im Stil eines Renaissance-Pavillons, und mit dem ältesten Haus Wismars, dem gotischen Backsteinbau **„Alter Schwede"**.

Nahe der Kirche St. Nikolai steht das **Schabbellhaus**, in dem das Stadtgeschichtliche Museum untergebracht ist, am Alten Hafen das Wassertor aus dem 15. Jahrhundert, das als einziges Tor der Stadtbefestigung erhalten blieb.

Zur Jugendherberge fahren wir nicht bis zur Altstadt, sondern biegen von der Lübsche Straße an einer Ampelkreuzung rechts ab in die Straße Am Köppernitztal; an der folgenden Kreuzung erneut rechts in die Philipp-Müller-Straße.

2. Tag: Wismar – Warnemünde

Eine insgesamt leichte Strecke, die bis Kühlungsborn nicht unmittelbar an der Küste verläuft – Ausnahme: Ostseebad Rerik –, sondern in geringer Entfernung zur Küste; ab Kühlungsborn entlang der Küste. Zahlreiche ruhige Dörfer auf der ersten Streckenhälfte. Kühlungsborn ist das erste einer ganzen Anzahl beliebter Badeorte an einem knapp 100 km langen Abschnitt der Ostseeküste mit langen Sandstränden. Zingst ist das östlichste dieser Seebäder.

Toureninfos

Karte S. 2/3

km 66 km.

Bis Kühlungsborn abwechselnd flache, bequeme Streckenabschnitte in der Nähe der Küste und kurze Anstiege, wenn der Weg sich von der Küste entfernt; zwischen Kühlungsborn und Warnemünde unmittelbar an der Küste. Wegverhältnisse: Gute

Landstraßen – zwischen Redentin und Groß Strömkendorf zeitweise starker Verkehr! –, innerörtlich gelegentlich Kopfsteinpflaster, asphaltierte Fuß-/Radwege, Betonplatten-Wege, Sand-Kies-Wege.

Strände bei Pepelow, Rerik, Kühlungsborn, Heiligendamm, Börgerende, Nienhagen, Warnemünde; in Kühlungsborn West eine Meerwasser-Schwimmhalle.

In Stove Dorfmuseum und Museums-Windmühle, Mai/Juni und Sept Di–So 10–16 Uhr, Juli/Aug Di–So 10–18 Uhr, Okt–April Mi 9–12 Uhr. – In Rerik ein Heimatmuseum zu Großsteingräbern der Umgebung, Mai–Sept Di/Mi/Fr 10–12 und 14–17 Uhr, Do/Sa/So 14–17 Uhr; St.-Johannes-Kirche, Führungen Mai–Sept Mo/Do 10–12, So 13–15 Uhr. – In Kühlungsborn eine Heimatstube, Di–Sa 10–12 Uhr; Meerwasser-Schwimmhalle, Mo–Mi, Sa/So 10–18, Do/Fr 10–20 Uhr. – In Warnemünde ein Heimatmuseum, Mi–So 10–18 Uhr; Besteigung des Leuchtturms, Mai–Sept täglich 10–18 Uhr.

Fremdenverkehrsverein Salzhaff, 23974 Stove, Tel. 03 84 27/2 47, www. salzhaff-info.de; – Kurverwaltung, Dünenstr. 7, 18230 Rerik, Tel. 03 82 96/7 84 29, www. rerik.de; – Touristik-Servic, Ostseeallee 19, 18225 Kühlungsborn, Tel. 03 82 93/84 90, www.kuehlungsborn.de; – Tourist-Information, Alexandrinenplatz 2, 18209 Bad Doberan, Tel. 03 82 03/6 21 54, www.bad-doberan.de; – Tourist-Information, Am Strom 59, 18119 Warnemünde, Tel. 03 81/54 80 00, www.warnemuende.de

Tourverlauf

In der Altstadt von Wismar fahren wir in der Lübsche Straße geradeaus – in der anschließenden Fußgängerzone ist Rad fahren erlaubt –, wenden uns am Rand der Altstadt nach links in die Bauhofstraße, eine Altstadt-Umgehungsstraße, und überqueren zwischen Omnibusbahnhof und Bahnhof nach rechts die Bahngleise. Nach ca. 600 m biegen wir an einer Ampelkreuzung links ab auf einen Radweg an der Straße Am Torney (Ausschilderung: Industriegebiet), halten uns an der folgenden Ampelkreuzung rechts und verlassen Wismar.

Nach mehreren hundert Metern wenden wir uns nach links auf einen asphaltierten Radweg, passieren den Fauler See und erreichen Redentin-Fischkaten, wo wir einem asphaltierten Radweg an der Ortsdurchfahrt nach links folgen. Der Radweg endet, und nun fahren wir auf der guten, zeitweise stark befahrenen Straße, einer Allee, gut 3 km weit nach Groß Strömkendorf. Von hier ist über einen Straßendamm ein Abstecher möglich auf die Insel Poel (siehe Tagestour 4).

An einem Hotel biegen wir rechts ab in Richtung Pepelow und folgen nun einem asphaltierten, nahezu eben verlaufenden Radweg neben der Landstraße auf ca. 10 km Länge. Allerdings gibt es keine Radwege in den Ortschaften, die wir nacheinander passieren: Wodorf, Blowatz, Dreveskirchen, Stove – an der Straße eine Museums-Windmühle und ein Dorfmuseum – und Boiensdorf. Kurz nach Boiensdorf endet der Radweg. Auf einer ruhigen Landstraße fahren wir am Weiler Klein Strömkendorf vorbei nach Pepelow, wo wieder ein Radweg vorhanden ist. In Rakow verlassen wir die Durchgangsstraße nach links in Richtung Rerik, durchfahren Tessmannsdorf – am Dorfteich ein Rastplatz – und folgen nach gut 1 km an einer Stoppstelle der nun stärker befahrenen Straße Neubukow – Rerik nach links. Geradeaus geht es durch Roggow, und nach 2 km beginnt wieder ein Radweg, der am Gaarzer Hof vorbei nach Rerik führt. Anstatt der Radmarkierung am Ortsbeginn nach rechts in ein Wohngebiet zu folgen, empfehlen wir, auf der Straße in die Ortsmitte zu fahren.

Info

Das **Ostseebad Rerik**, ein eher ruhiger Ort mit einem Fischer- und einem Bootshafen, liegt an zwei Gewässern: an der Ostsee mit einem schmalen, teilweise steinigen Strand unterhalb der Steilküste und an der Bucht Salzhaff. Sehenswert ist die barock ausgeschmückte Johanniskirche. In der Umgebung von Rerik befinden sich einige imposante Großsteingräber.

Im Ort verlassen wir die Ortsdurchfahrt nach links in der Leuchtturmstraße und folgen einem neben der Straße verlaufenden Radweg – rechter Hand ein Dolmen. Wenig später biegen wir rechts ab (Radmarkierung) und wenden uns in Mechelsdorf nach links (Radmarkierung) auf einen asphaltierten Fahrweg. Eine querlaufende Landstraße verlassen wir gleich wieder nach links und erreichen Kägsdorf – zur Rechten der Bastorfer Signalturm. Kurz nach dem Ort nach rechts auf schmaler Landstraße nach Kühlungsborn West.

Mittagsruhe bei Kühlungsborn.

Kühlungsborn und **Heiligendamm** siehe Tour 5.

Auf der Strandpromenade, dann auf der parallel verlaufenden Ostseeallee nach Kühlungsborn Ost und entlang der Küste nach Heiligendamm. Da die Strandpromenade in Heiligendamm für Radler gesperrt ist, fahren wir um den Komplex klassizistischer Gebäude herum (gute Radmarkierung) und folgen dem Küstensträßchen nach Börgerende. Die Straße knickt rechts ab; wir aber halten uns geradeaus und fahren ab einem Campingplatz auf einem Sand-Kies-Weg entlang der Küste über Nienhagen und die Feriensiedlung Stoltera nach Warnemünde. Am Stadtrand auf einem Radweg an der Parkstraße nach links in das Stadtzentrum zu einer Ampelkreuzung. Geradeaus in die Mühlenstraße, rechts an der Kirche vorbei und zum Alten Hafen.

Info

Lebhaft geht es zu im **Ostseebad Warnemünde**, sowohl am 7 km langen und bis zu 100 m breiten Strand, als auch im Stadtzentrum und am Alten Hafen mit seinen hübschen Fischer- und Kapitänshäusern, den Cafés und Fisch-Kiosken. Ein recht auffälliges Gebäude ist der „Teepott" beim Leuchtturm mit seinem geschwungenen Dach. Bei guten Sichtverhältnissen lohnt es sich, zur Aussichtsplattform des Leuchtturms hochzusteigen, denn der Ausblick umfasst Rostock und weite Bereiche der Ostseeküste.

Zur Jugendherberge: Am Stadtrand, wo wir auf die Parkstraße stoßen, nach rechts.

3. Tag: Warnemünde – Zingst

Eine leichte, steigungsfreie Strecke durch die Rostocker Heide und auf der Halbinsel Fischland-Darss-Zingst; an der Küste mehrere Seebäder mit langen Stränden, anschließend entlang dem Saaler Bodden.

Der Darss und Zingst wurden zum größten Teil zum Nationalpark Vorpommersche Boddenlandschaft erklärt. In mehreren Informationszentren erfährt der Besucher alles Wissenswerte über die geologischen Gegebenheiten, über Flora und Fauna, u. a. auch über Kraniche, die hier in der Boddenlandschaft zwischen Zingst, der Insel Hiddensee und dem Festland zweimal jährlich ihre Flüge zwischen Skandinavien und südlicheren Breitengraden unterbrechen.

Toureninfos *Karte S. 2/3*

69 km.

Bequeme Strecke ohne Anstiege; Wegverhältnisse: Asphaltierte oder mit Klinkern gepflasterte Fuß-/Radwege, auf Deichen, innerörtlich gelegentlich Kopfsteinpflaster, Betonplatten-Weg.

Strände bei Markgrafenheide, Graal-Müritz, Dierhagen, Wustrow und Ahrenshoop; Badeplatz bei Born; Strand zwischen Prerow und Zingst.

In Graal-Müritz ein Rhododendronpark, Führungen Tel. 03 82 06/70 30; Kur- und Freizeitzentum Aquadrom, Tel. 03 82 06/8 79 00, www.aquadrom.net; – In Wustrow das Fischlandhaus (Museum und Kulturhaus), Do–Di 13–17 Uhr; Zeesbootfahrten, mehrmals täglich, Tel. 03 82 20/03 65. – Bodden-Schiffsrundfahrt ab Althagen, Mitte Juni–Mitte Sept. täglich um 12 Uhr, Mitte Sept–Mitte Okt um 13 Uhr. – Forst- und Jagdmuseum in Born, Mai–Okt täglich 10–16 Uhr, April/Nov/Dez Mo–Fr 10–16 Uhr; Nationalpark-Infozentrum, ganzjährig täglich 10–16 Uhr. – In

Wieck das Nationalparkzentrum „Darsser Arche", Mai–Okt täglich 10–18 Uhr, Nov–April Mi–So 11–16 Uhr. – In Prerow das Darss-Museum zur Erdgeschichte und Heimatkunde, Mai–Okt täglich 10–17 Uhr, Nov–April Mi–So 13–16 Uhr; Seemannskirche, im Sommer täglich 10–18 Uhr; Bodden-Schiffsrundfahrten, mehrmals täglich, Tel. 03 82 34/2 39 (Reederei Poschke) und 03 82 34/2 10 (Reederei Rasche). – In Zingst Heimatmuseum mit Werkstätten und Erinnerungsraum an die Heimatdichterin Martha Müller-Grählert, Juni–Okt Mo–Fr 10–17 Uhr, Sa/So 13–16 Uhr; Fähren nach Barth und zur Insel Hiddensee, Bodden-Schiffsrundfahrten und Kranich-Beobachtungstouren Tel. 03 82 32/1 66 77 (Reederei Oswald).

i Fremdenverkehrsverein, Rostocker Str. 3, 18181 Graal-Müritz, Tel. 03 82 06/70 30, www.graal-mueritz.de; – Kurverwaltung, Ernst-Moritz-Arndt-Str. 2, 18347 Dierhagen, Tel. 03 82 26/2 01, www.dierhagen.de; – Kurverwaltung, Ernst-Thälmann-Str. 11, 18347 Wustrow, Tel. 03 82 20/2 51, www.ostseebad-wustrow.de; – Kurverwaltung, Kirchnersgang 2, 18347 Ahrenshoop, Tel. 03 82 20/66 60-0, www.ostseebad-ahrenshoop.de; – Kurverwaltung, Chausseestr.75, 18375 Born, Tel. 03 82 34/5 04, www.entdeckenmv.de; – Kurverwaltung Wieck, Bliesenrader Weg 2, 18375 Wieck, Tel. 03 82 33/2 01, www.entdeckenmv.de; – Kur- und Tourismusbetrieb, Gemeindeplatz 1, 18375 Prerow, Tel. 03 82 33/61 00, www.ostseebad-prerow.de; – Kur- und Tourismusbetrieb, Seestr. 56, 18374 Zingst, Tel. 03 82 32/81 50, www.zingst.de

Tourverlauf

In Warnemünde setzen wir mit der Autofähre über den Alten Strom und folgen geradeaus der Durchgangsstraße auf einem Klinker-Fuß-/Radweg – zahlreiche Strandzugänge – entlang einem weitläufigen Kasernengelände. Durch den Badeort Markgrafenheide weiter auf Radweg an der Straße und nach 2 km links abbiegen (Radmarkierung). Auf einem Forstweg durch das ausgedehnte Waldgebiet Rostocker Heide gelangen wir nach ca. 9 km nach Graal-Müritz.

Zum Seeheilbad **Graal-Müritz** siehe Tour 6.

Am Beginn von Graal-Müritz, im Ortsteil Graal, halten wir uns an einem Hotel links und an einer Gabelung rechts zum Strand. Ein für Kfz gesperrter Fahrweg führt zu einem Ferienheim, an dem wir uns rechts halten, an einem weiteren Hotel links zur Strandpromenade. Nach rechts führt ein guter Fuß-/Radweg parallel zum Strand – mehrere Strandzugänge – zur Linken und der Durchgangsstraße zur Rechten in den Weiler Neuhaus. Geradeaus über eine Kreuzung und im Dünenwald nach Dierhagen Strand; der alte Hafenort Dierhagen Dorf liegt 1,5 km östlich am Ufer des Saaler Bodden.

Geradeaus fahren wir durch Dierhagen Strand, wenden uns nach links auf einen Radweg und folgen einer Straße, die als Strandpromenade dient. Bei einigen Kiosken endet die Straße. Rechts weiter auf einem Klinker-Weg (Radmarkierung: Wustrow) und durch einen Waldstreifen nach Dierhagen Ost. Stets geradeaus fahren wir an einzeln stehenden Wohn- und Ferienhäusern vorbei und auf einem asphaltierten Deichweg nach Wustrow; nun befinden wir uns auf Fischland. Kurz vor Wustrow in den Dünen ein Skulpturenpark.

Zu **Wustrow, Ahrenshoop** und (Ahrenshoop-) **Althagen** siehe Radtour 7.

In Wustrow – auch hier liegt der alte Hafenort am Ufer des Saaler Boddens – wenden wir uns in der Strandstraße nach links zum Strand und folgen der Straße (Radmarkierung: Ahrenshoop) am Strand entlang, vorbei am Zugang zur Seebrücke. Am Ortsende führt ein asphaltierter Fuß-/Radweg durch die teilweise bewaldeten Dünen. Der Weg schwenkt nach rechts – nicht geradeaus auf unbefestigtem Weg nach Ahrenshoop! – und führt nach Niehagen. Hier kreuzen wir die Insel-Hauptstraße – Vorsicht: stark befahren! – schräg nach rechts und biegen scharf links ab in das Sträßchen „Weg zum Kiel" (Radmarkierung: u. a. Born), das zum Ufer des Saaler Boddens führt. Entlang dem Schilfufer auf sandigem Deichweg nach Althagen.

An einer Kreuzung, vorbei am rechter Hand gelegenen Hafen, halten wir uns geradeaus – nun sind wir auf dem Darss – und radeln auf einem streckenweise schnurgeraden Wirtschaftsweg zwischen zahlreichen Entwässerungskanälen, Wiesen und Viehweiden in Richtung Born. Nach knapp 6 km wenden wir uns an einer Kreuzung – es ist die zweite Kreuzung auf diesem Wirtschaftsweg – nach rechts; die Strecke geradeaus ist kürzer, aber weniger schön. Wenig später folgen wir der Ausschilderung „Born/Prerow" in den hübschen Ort und bleiben auf dieser Straße bis zum Hafen.

Zu **Born** siehe Radtour 7.

Wir passieren den Hafen, ein Jagdmuseum und ein Informationszentrum zum Nationalpark Vorpommersche Boddenlandschaft. Am Ortsende halten wir uns an einer Gabelung rechts in den Bliesenraderweg (Radmarkierung: Wieck, Prerow). Der guten Radmarkierung folgen wir bis kurz vor Bliesenrade, wo wir links abbiegen zum Bodstedter Bodden und auf einem Uferdamm nach Wieck gelangen.

Zu **Wieck** siehe Radtour 8.

Nach 2 km biegen wir am Ortsrand Wieck links ab in die Straße Bliesenrader Weg und erreichen das Natur-Informationszentrum „Darsser Arche". Nach rechts (Radmarkierung: Prerow) fahren wir durch den hübschen Ort, zunächst in der Straße Muggenburgweg, dann Bauernreihe, biegen rechts ab in die Straße Südkaten und folgen am Ende des Ortsteils Jagdhaus einem Fuß-/Radweg, der auf einem Damm zwischen Wiesen und Entwässerungskanälen zum Hafen von Prerow führt.

Der Hafen von Wustrow am Saaler Bodden.

Zum Badeort **Prerow** siehe Radtour 8.

Am Hafen kreuzen wir die Insel-Hauptstraße und gelangen nach wenigen Metern zu einem Deich, auf dem wir einen querlaufenden Klinker-Deichweg erreichen. Nach rechts queren wir die Senke des einstigen Prerower Stroms und stoßen nach gut 1 km auf die Insel-Hauptstraße; linker Hand der Aussichtspunkt Hohe Düne. Hier beginnt ein Klinker-Deichweg, der parallel zur Küstenstraße nach Zingst führt; zahlreiche Zugänge zum Strand.

Zum Badeort **Zingst** siehe Radtour 9.

Auf Höhe der Seebrücke von Zingst wenden wir uns nach rechts in den lebhaften Badeort und folgen der Strandstraße, einer Fußgängerzone. Nach 300 m rechts abbiegen zur Jugendherberge.

4. Tag: Zingst – Stralsund

Eine ruhige Tagesetappe in einer touristisch im Abseits liegenden Region. Im Frühjahr und Herbst wird es etwas lebhafter, wenn an der Küste die Zugvögel rasten, u. a. Kraniche, und Vogelfreunde zur Beobachtung anreisen.

Toureninfos *Karte S. 2/3*

km 55 km.

Bequeme Strecke, nur bei Barth und Groß Mohrdorf einige leichte Anstiege; Wegverhältnisse: Ruhige Landstraßen und -sträßchen, Fuß-/Radweg an Straße, innerörtlich gelegentlich Kopfsteinpflaster; Betonplatten-Wege.

Kleiner Badeplatz am Bodden bei Jugendherberge, 2 km östlich von Barth. – Badeplatz am Hafen Dabitz. – Strand bei Stralsund.

Darssbahn-Museum bei Bresewitz/Meiningenbrücke, Ausstellung „Kunst auf Schienen“, Juni–Okt Mi–Sa 10–12 und 16–18 Uhr. – In Barth das Vineta-Museum, Di–Sa 10–12 und

13–17 Uhr, So 14–17 Uhr. – Kranich-Informationszentrum in Groß Mohrdorf, März–Juni Mi–So 10–16 Uhr, Juli/Aug Di–So 10–16.30 Uhr, Sept/Okt Mo–So 9.30–17.30 Uhr. – In Stralsund zahlreiche Sehenswürdigkeiten, u. a. die St. Nikolai-Kirche, täglich 9–18 Uhr; Deutsches Museum für Meereskunde und Fischerei und Aquarium, Mai–Okt täglich 10–17 Uhr, Juli/Aug täglich 10–17 Uhr, Mo und Do bis 18 Uhr, Fütterungen Sa/So 11 Uhr; Nautineum, Mai–Okt täglich 10–17 Uhr; Kulturhistorisches Museum, Di–So 10–17 Uhr; Deutsches Meeresmuseum, Juli/Aug täglich 10–18 Uhr, Sept–Juni täglich 10–17 Uhr; Marinemuseum Dänholm, Di–So 10–17 Uhr.

i Barth-Information, Lange Str. 16, 18356 Barth, Tel. 03 82 31/24 64, www.entdeckenmv.de und www.stadt-barth.de; – Stralsund-Information, Alter Markt 9, 18439 Stralsund, Tel. 0 38 31/69-0, www.stralsund.de

Tourverlauf

In Zingst folgen wir der Strandstraße durch den Ort und wenden uns 300 m nach dem Ortsende auf einem querlaufenden, niederen Deich-Radweg nach rechts. Nach weiteren 300 m halten wir uns an einer Wegkreuzung links und folgen einem Fuß-/Radweg auf einem ehemaligen Bahndamm, der am Rand eines Waldgebiets entlangführt. Wir kreuzen die Insel-Hauptstraße – Vorsicht: stark befahren! – und überqueren wenig später die Wasserverbindung zwischen Bodstedter Bodden und Barther Bodden auf der Meiningenbrücke, einer Drehbrücke (zeitweise gesperrt, wenn Bodden-Schiffe passieren).

Nun sind wir wieder auf dem Festland, folgen geradeaus einem Fuß-/Radweg und passieren auf Höhe der Ortschaft Bresewitz den alten Bahnhof mit dem Darssbahn-Museum in ausrangierten Waggons. Schnurgerade, kurzzeitig am verschilften Ufer des Bodstedter Boddens entlang und vorbei an der Ortschaft Pruchten, verläuft der asphaltierte Weg neben den Bahngleisen. Bei Barth-Tannenheim kreuzen wir eine Straße und folgen ihr nach links auf einem Betonplatten-Radweg. Wenig später wechselt der Radweg zur linken Straßenseite hinüber und führt entlang der Vorort-Straße nach Barth und durch ein einstiges Stadttor in das Zentrum.

Info

Barth (ca. 10 000 Einw.), ein Hafenstädtchen am Barther Bodden, wurde im 12. Jahrhundert gegründet, erhielt im 13. Jhdt. das Stadtrecht und war vom 14.–17. Jhdt. Residenz der pommerschen Fürsten. Von der Stadtbefestigung blieb das Dammtor übrig; die Bibliothek der Marienkirche (13. Jhdt.) besitzt eine kostbare Büchersammlung mit einer in plattdeutsch gedruckten Lutherbibel.

Für historisch Interessierte bietet das **Vineta-Museum** viel Stoff zum Debattieren, denn aufgrund von Forschungen zweier engagierter Laien in den vergangenen Jahren wird die sagenhafte, versunkene Stadt Vineta hier bei Barth lokalisiert. Im 10. und 11. Jahrhundert wird von zuverlässigen Chronisten eine Stadt „Vineta" als ausgedehnte, reiche Stadt an der Südküste der Ostsee genannt. Die Hypothesen, Beweisführungen und Schlussfolgerungen zur Lokalisierung dieser untergegangenen Stadt können im Museum nachvollzogen werden.

Geradeaus am Marktplatz entlang, nach rechts in die Badstüberstraße und nach links in der Wieckstraße verlassen wir die Altstadt. Nach links zum Platz des Friedens, dann rechts auf einem Radweg folgen wir der Straße Trebin (Ausschilderung: Hafen Ost) und verlassen Barth. Zwischen Wiesen steigen wir auf einem Radweg an der Straße am Hang des Donnersbergs (21 m) leicht an, passieren eine Jugendherberge – schöner Blick auf den Bodden – und einen Badeplatz. In leicht hügeligem Gelände wenden wir uns bei den wenigen Höfen von Glöwitz auf einem querlaufenden Sträßchen nach rechts und biegen wenig später an einer Rasthütte links ab auf einen Sand-Kies-Weg (Radmarkierung: Stralsund). Über den Ützberg (20 m) hinweg erreichen wir das Ufer des Bodden Grabow und nach rechts auf einem schmalen Sträßchen den kleinen Hafen von Dabitz.

Hinweis: Im nun folgenden Küstenbereich – zwischen Groß Kordshagen und Groß Mohrdorf/Hohendorf – werden zur Zeit der Recherchen einige Wege und Straßen gebaut bzw. modernisiert. Eventuell wird sich dadurch der Tourverlauf ändern.

Geradeaus am Ufer führt ein Betonplatten-Weg weiter. Wir folgen dem ersten links abzweigenden Betonplatten-Weg (Radmarkierung: u. a. Stralsund) zwischen Wiesen, überqueren ein Bächlein und folgen einem Sträßchen in geringer Entfernung zum Bodden-Ufer. An einer Straßengabelung nach links (Radmarkierung: u. a. Stralsund), nach knapp 1 km auf querlaufendem Fahrweg erneut links – nach rechts ist es etwa 1 km weit zu einem einfachen Campingplatz bei Groß Kordshagen – und am kleinen Hafen von Zühlendorf vorbei. Nach 6,5 km erreichen wir Nisdorf.

Geradeaus durch das Straßendorf, am Ortsende bei einem ehemaligen Herrenhaus („Schloss Nisdorf") wiederum geradeaus (Radmarkierung: u. a. Stralsund) und auf einem Betonplatten-Weg entlang dem Ufer nach Kinnbackenhagen, einem Weiler direkt am Bodden-Ufer. Am Ortsende wenden wir uns nach rechts und gelangen entlang dem Waldrand, dann zwischen Feldern auf einem Betonplatten-Fahrweg nach Bisdorf.

Die gotische Marienkirche von Barth.

Tipp Wer sich für Kraniche interessiert, sollte den kurzen Abstecher von knapp zwei Kilometern nach **Groß Mohrdorf** zu einem **Kranich-Informationszentrum** an der Hauptstraße, nahe der Kirche, auf sich nehmen. Zur Fortsetzung der Tour: Anstatt nach Bisdorf zurückzukehren, von Groß Mohrdorf auf der normalerweise ruhigen Straße direkt nach Hohendorf.

In Bisdorf auf der rauen Kopfsteinpflaster-Straße zum Ortsende und an einem Rastplatz nach links (Radmarkierung) zwischen riesigen Feldern nach Hohendorf. Im Ort halten wir uns an einer Kreuzung geradeaus auf einen Klinker-Radweg (Ausschilderung: Zum Schloss), lassen das Schloss, in dem ein Hotel-Restaurant-Café eingerichtet wurde, rechts liegen und steigen leicht an zu einem querlaufende Beton-Plattenweg. Nach rechts führt der Weg, der in ein Sträßchen übergeht, zwischen ausgedehnten Feldern nach Klausdorf.

Am Ortsbeginn nach links in der Prohner Straße, gleich darauf rechts abbiegen auf die Allee Prohner Landweg (Radmarkierung: Damitz). Das Sträßchen verläuft 2 km weit am Schilfgürtel der Prohner Wiek entlang. In einer Rechtskurve des Sträßchens biegen wir links ab –

hier eine Vogel-Beobachtungsplattform – auf einen Sand-Kies-Weg, der in einen Betonplatten-Weg übergeht und am Ufer der Wiek entlangführt. Vorbei am Prohner Stausee und an den wenigen Häusern von Klein Damitz, wenig später vorbei an Groß Damitz. Auf einem Radweg an einer querlaufenden breiten Straße nach links in Richtung Parow. Nach einigen hundert Metern biegen wir rechts ab (Radmarkierung) und erreichen Parow mit einigen reetgedeckten Häusern. Im Ort an einem großen Gutshof nach links, und wenig später nach rechts auf einem Radweg an der Parower Chaussee – Blick auf den Strelasund, der die Insel Rügen vom Festland trennt – erreichen wir den Stadtrand von Stralsund.

An einem Kreisverkehr folgen wir nach einer 3/4-Drehung einem Fuß-/Radweg an der Prohner Straße, und nach zwei Kilometern, vor der Altstadt von Stralsund, knickt die Straße rechts ab (Friedrich-Engels-Straße). Von dieser Altstadt-Umgehungsstraße biegen wir nach 500 m links ab und gelangen auf dem Küterdamm zum Kütertor, einem Stadttor, in dem eine Jugendherberge eingerichtet wurde.

Info

Die **Hansestadt Stralsund**, auf einer Halbinsel weitgehend von Wasser umschlossen, wurde in die Liste des UNESCO-Weltkulturerbes aufgenommen. Seit 1293 Hansestadt, entwickelte sich die am Strelasund gelegene Stadt rasch zu einer der wichtigsten Städte der Hanse und konkurrierte mit Lübeck um die führende Rolle in diesem Bund von Kaufleuten. Sichtbar ist der einstige Reichtum der Stadt noch heute, auch wenn Baulücken und zahlreiche restaurierungsbedürftige Häuser das Stadtbild etwas trüben.

Großartiger Mittelpunkt ist der **Alte Markt**: Auf einer Seite die mächtige Nikolaikirche, die Kirche der Patrizier, der städtischen Oberschicht, mit einer ungewöhnlich prächtigen Innenausstattung, und das Rathaus mit seiner durchbrochenen Schauwand; auf der anderen Seite das **Wulflamhaus**, eines der schönsten Bürgerhäuser Norddeutschlands, das der Stralsunder Bürgermeister Wulflam um das Jahr 1380 erbauen ließ.

Am **Neuen Markt** steht die gotische Marienkirche, nicht weit entfernt das Katharinenkloster, in dem das **Kulturhistorische Museum** (u. a. mit dem Hiddenseer Goldschmuck) und das **Deutsche Meeresmuseum** untergebracht sind. Im Museumshaus, einem der ältesten Gebäude, befindet sich ein Heimatmuseum, ebenso im Museumsspeicher. Auf **Dänholm**, einer kleinen Insel am Rügendamm, wurde das Nautineum, eine Außenstelle des Meeresmuseums, untergebracht; und hier bietet das Marinemuseum einen Streifzug durch die Marinegeschichte Preußens, des nationalsozialistischen Deutschlands und der DDR.

5. Tag: Stralsund – Greifswald

Eine kurze, leichte Tagesetappe, großteils auf einer herrlichen Kopfsteinpflaster-Allee, nach Greifswald. Die kleine Universitätsstadt – die Universität wurde 1456 gegründet – erlebte zur Zeit der Hanse ihre Blütezeit. Nähert man sich von Norden, so ist in der flachen Küstenregion die Silhouette der Stadt mit ihren Kirchtürmen schon von weitem zu sehen. Diese Silhouette sieht noch heute so aus, wie sie der in Greifswald geborene Maler Caspar David Friedrich (1774–1844) in seinem Bild „Wiesen bei Greifswald" darstellte.

Toureninfos

Karte S. 2/3

km 33 km.

Eine leichte Strecke in flacher Küstenzone mit einigen unproblematischen Steigungen; Straßen in Stralsund und Greifswald teilweise mit Kopfsteinpflaster, Betonplatten-Fuß-/Radweg in Stralsunder Außenbezirken, asphaltierter Radweg, überwiegend aber eine verkehrsarme Kopfsteinpflaster-Allee.

In Greifswald das Stadtmuseum mit Gemäldegalerie, u. a. Gemälde von C. D. Friedrich und Ph. O. Runge, Di–So 10–18 Uhr; Universitätsbibliothek, Führung nur nach Anmeldung unter Tel. 03 83 34/86 11 22; Tierpark, täglich 9–18 Uhr.

Stadtinformation, Rathaus, Am Markt, 17489 Greifswald, Tel. 0 38 34/52 13 80,www.greifswald.de.

Tourverlauf

Vom Kütertor kehren wir zurück zur Altstadt-Umgehung und folgen ihr nach links. Nach 1,5 km halten wir uns an einer Ampelkreuzung rechts auf die Greifswalder Chaussee mit Radweg, unterqueren die B 96 Rügen – Greifswald und fahren durch einen langgestreckten Vorort. Nach ca. 4,5 km passieren wir in Andershof ein Gewerbegebiet und die Linksabzweigung zur Jugendherberge Devin. Geradeaus auf einem Klinker-Radweg stoßen wir wenig später auf die alte, verkehrsarme Straße Stralsund – Greifswald, die Brandshäger Straße. Nur wenige Meter neben der modernen B 96 verläuft die Straße in sanftem Auf und Ab und weitgehend schnurgerade.

An einer Kreuzung geradeaus, und nun beginnt eine herrliche Allee. Auf kleinem, recht gut zu befahrendem Kopfsteinpflaster gelangen wir zwischen Wiesen und Feldern, gelegentlich vorbei an einem einzeln stehenden Haus, nach Brandshagen. Auf der Ortsdurchfahrt fahren wir geradeaus durch das Dorf und befinden uns wieder auf der Kopfsteinpflaster-Allee, die weiterhin schnurgerade verläuft. Wir passieren die Ortschaft Oberhinrichshagen und erreichen wenig später das größere Dorf Reinberg. Im Ort knickt die Hauptstraße links ab in Richtung Stahlbrode/Glewitzer Fähre, wir aber halten uns geradeaus (Radmarkierung: u. a. Kirchdorf) auf eine Kopfsteinpflaster-Straße und folgen erneut der alten Allee über die Ortschaft Mesekenhagen zu einem Kreisverkehr am Ortsbeginn von Neuenkirchen; von hier aus ist die Silhouette von Greifswald sehr schön zu sehen.

Am Ortsbeginn von Neuenkirchen halten wir uns geradeaus. Ein Klinker-Radweg führt an die B 96, wo sich ein Radweg neben der Straße fortsetzt bis zum Fluss Ryck am Rand der Altstadt von Greifswald. Über den Fluss, auf der Altstadt-Umgehung nach links – linker Hand der Museumshafen – und nach wenigen Metern rechts abbiegen in die Fischstraße, die leicht ansteigt zum Rathaus. In der Fußgängerzone müssen die Räder geschoben werden!

Info

Greifswald, ursprünglich eine zum Kloster Eldena gehörige Siedlung, erhielt im Jahr 1250 das Stadtrecht und trat der Hanse bei. Die Stadt überstand den 2. Weltkrieg ohne Zerstörungen, da sie kampflos an die Rote Armee übergeben wurde. Verständlich daher die bissige Ironie des Schlagworts „Ruinen schaffen ohne Waffen", mit der die Greifswalder die Vernachlässigung der Bausubstanz und die in den 70-er Jahren des letzten Jahrhunderts erfolgte Stadtsanierung mit Plattenbauten kennzeichnen.

Längsachse der auf einer niederen Erhebung angelegten Stadt ist die Lange Straße und ihre Fortsetzung, die Straße Schuhhagen, eine lebhafte Fußgängerzone. Mittelpunkt ist der **Markt** mit dem Rathaus (14. Jhdt.) und den gotischen Giebelhäusern; auffällig über den Hausdächern erhebt sich die „Dicke Marie", der wuchtige Turm der **Marienkirche**, deren spätgotische Innenausmalung vor wenigen Jahrzehnten freigelegt wurde. Zwischen dem Rathaus und der Ernst-Moritz-Arndt-Universität steht der mächtige **Dom St. Nikolai** mit einem fast 100 m hohen Turm, dessen Spitze barock umgestaltet wurde. Das Innere ist eine beeindruckende Mischung aus Alt und Neu, voller Kontraste: Neben der in Hellgrau/dunklem Weiß erfolgten Renovierung wurde ein Seitenschiff mit der spätgotischen Ausmalung erhalten, ein anderes Seitenschiff in dem vernachlässigten Zustand belassen, in dem sich der Dom am Ende der DDR darstellte.

Nicht weit vom Markt steht das **Pommersche Landesmuseum** mit einer Gemäldesammlung, darunter Werke von C. D. Friedrich und Ph. O. Runge. Zahlreiche Kostbarkeiten birgt die Universitätsbibliothek, denn im Zuge der Reformation wurde das Kloster in Eldena aufgelöst und die Klosterbibliothek der Universität übereignet; kostbarstes Stück ist eine der wenigen erhaltenen Gutenberg-Bibeln.

Zur Jugendherberge: In der Altstadt von der Fischstraße geradeaus, am Rathaus vorbei, durch die Baderstraße zum Bebelplatz und weiter zur querlaufenden Bahnhofstraße, einer Altstadt-Umgehung; auf einem Radweg an der Gützkower Straße 700 m weit. Kurz vor einer Bahnüberführung links abbiegen in die Pestalozzistraße.

Herrliche Kopfsteinpflaster-Allee zwischen Stralsund und Greifswald.

6. Tag: Greifswald – Heringsdorf/Ahlbeck auf Usedom

Von Greifswald führt diese Strecke zur Klosterruine Eldena und an die Küste, wo sich zwischen Gahlkow – Lubmin – Freest einige Strände erstrecken. In Wolgast gelangen wir auf der Brücke der Freundschaft auf die Insel Usedom und auf kürzestem Weg zur Nordküste, an der sich ein kilometerlanger, kaum einmal unterbrochener Sandstrand bis nach Swinemünde (Polen) erstreckt. Zahlreiche Seebäder ziehen sich wie Perlen auf einer Kette entlang der Küste hin, darunter die „Kaiserbäder" Bansin, Heringsdorf und Ahlbeck.

Toureninfos *Karte S. 2/3*

83 km bis Ahlbeck, wo der Ostsee-Radfernweg endet; zur Jugendherberge in Heringsdorf 82 km.

Die Seebäder auf Usedom und die Stadt Wolgast sind Stationen an der Usedomer Bäderbahn, die über Greifswald bis Stralsund fährt.

Leichte Strecke mit einem gelegentlichen kurzen Anstieg. Wegverhältnisse: Straßen und ruhige Sträßchen, Klinker-Radwege, Sand-Kies-Wege; auf Usedom an der Küste auf überwiegend schattigem Fuß-/Radweg, der großteils unbefestigt (Sand-Kies-Weg), teilweise aber auch asphaltiert ist; in den Usedomer Badeorten auf den Strandpromenaden, kurzzeitig auch auf Straßen.

Strandbad bei Eldena. – Strand bei Gahlkow, Lubmin und bei Freest. – Sandstrände auf Usedom entlang der ganzen Strecke zwischen Trassenheide/Trassenmoor und Ahlbeck. – In Zinnowitz die Bernsteintherme, in Ahlbeck die Ostseetherme.

In Wolgast die Petrikirche mit Krypta, Mo–Sa 10–17, So 14–17 Uhr; Stadtmuseum „Kaffeemühle" zur Stadtgeschichte, Di–Fr 10–18 Uhr, Sa/So 10–14 Uhr; Philipp-Otto-Runge-Museum, Juni–Aug Di–Fr 10–18 Uhr, Sa/So 10–16 Uhr, Sept–Mai Di–Fr 10–17, Sa 10–14 Uhr; Eisenbahn-Dampffähre „Stralsund", Juni–Aug Di–Fr 10–18, Sa/So 10–16 Uhr, Sept–Mai Di–Fr 10–17, Sa 10–14 Uhr. – Bei Lubmin ein Infozentrum in stillgelegtem Kernkraftwerk, täglich außer Fr 9–17.30 Uhr. –

– In Zinnowitz die Bernsteintherme, täglich 10–22 Uhr; Bademuseum (im Hotel Preussenhof), täglich 8–24 Uhr. – In Koserow Otto-Niemeyer-Gedenkatelier, Führungen April–Okt täglich um 10, 11, 14 und 15 Uhr, Mi–So zusätzlich 13 und 16 Uhr; in einer alten Salzhütte das Museum Uns Fischers Arbeitshütt, Mai–Sept So–Fr 10–15 Uhr. – In Bansin ein Tropenhaus, täglich 10–18 Uhr, im Winter bis 16 Uhr; Hans-Werner Richter Haus, Mi–Fr 11–13, 15–18 Uhr, Sa/So 14–17 Uhr; Rolf Werner-Atelier, Führungen täglich um 11 Uhr, Di/Do/Sa/So auch 14.30 und 18 Uhr. – In Heringsdorf ein Kunstpavillon, Mai–Sept Di–So 12–18 Uhr; Villa Irmgard, Museum für Literatur- und Regionalgeschichte mit Maxim Gorki-Gedenkstätte, Di–So 10–12 und 14–18 Uhr; Muschelmuseum, täglich 10–18 Uhr; Wachsfigurenkabinett, täglich 10–22 Uhr – In Ahlbeck die Ostseetherme Usedom, Mo–Mi 10–21 Uhr, Do 11–21 Uhr, Fr 10–22 Uhr, So 10–20 Uhr; Heimatmuseum (Geschichte des Seebads), Mo–Do 9–12 Uhr, Di auch 14–17 Uhr.

i Kurverwaltung, Wusterhusener Str. 17, 17509 Lubmin, Tel. 03 83 54/2 20 11, www.seebad-lubmin.de; – Stadtinformation, Rathausplatz 10, 17438 Wolgast, Tel. 0 38 36/60 01 18, www.stadt-wolgast.de; – Tourismusverband Insel Usedom, Bäderstr. 5, 17459 Ückeritz, Tel. 0 38 33 75/2 34 10, www.usedom.de

Tourverlauf

Aus der Altstadt von Greifswald kehren wir zurück zum Fluss Ryck und wenden uns auf dem Kopfsteinpflaster-Hafenkai – hier sind mehrere Museumsschiffe vertäut – nach rechts zum Fangelturm, Teil der alten Stadtbefestigung, wo wir geradeaus der Hafenstraße am Flussufer folgen. In Fortsetzung der Straße führt ein Sand-Kies-Weg zum Ortsteil Eldena, wo eine malerische Hebebrücke nach holländischem Vorbild, die bei Bedarf vom Brückenwärter per Hand geöffnet wird, den Fluss überspannt. Am anderen Flussufer das Dorf Wieck, ein malerischer, unter Denkmalschutz stehender Ort mit soliden Kapitäns- und reetgedeckten Fischerhäusern.

Kurz vor der Brücke biegen wir an einem Hotel-Restaurant rechts ab auf den Studentensteig, einen Fuß- und Radweg (Ausschilderung:

Ortsteil Eldena, Klosterruine), der in einen Radweg an der Wolgaster Landstraße einmündet; linker Hand die Ruinen des Klosters Eldena.

Info

Das Zisterzienserkloster **Eldena** wurde Ende des 12. Jahrhunderts gegründet und entwickelte sich rasch zu einem wohlhabenden Kloster. In der Reformationszeit erfolgte die Säkularisierung (Auflösung) des Klosters, im 30-jährigen Krieg (1618–1648) wurde es gebrandschatzt. In der Folgezeit benutzte die Bevölkerung die Ruinen als Steinbruch für den Bau der eigenen Häuser.

Eine klostereigene Saline am Fluss Ryck war in zweifacher Hinsicht bedeutungsvoll: Zum einen war der Salzhandel mit dem Binnenland und mit den Kaufleuten der Hanse, die riesige Mengen Salz für die Konservierung von Heringen benötigten – Hering war eine der wichtigsten Handelswaren der Hanse –, sehr lukrativ und sorgte für den stetig wachsenden Wohlstand des Klosters, und zweitens erhielt die stetig wachsende Siedlung der Salinenarbeiter Mitte des 13. Jahrhunderts das Stadtrecht: die Stadt Greifswald war entstanden.

Heutzutage hat das Kloster Eldena wieder an Bedeutung gewonnen – bei den Freunden des Jazz. Seit 1980 findet jedes Jahr im Juli unter freiem Himmel das „Jazzfestival Eldena" statt. In der DDR war es rasch landesweit bekannt, und mittlerweile hat sich seine Attraktivität im ganzen Bundesgebiet herumgesprochen.

Entlang der Durchgangsstraße führt der asphaltierte Radweg nach Kemnitz. Wir fahren durch den Ort (Radmarkierungen) und wieder entlang der Durchgangsstraße nach Neuendorf. Am Ortsanfang nach links in den Ort und am Ortsende links abbiegen in Richtung Ludwigsburg (Radmarkierung). Zwischen Feldern führt das Landsträßchen in das nette Dorf Ludwigsburg.

Hinweis: Im Küstengebiet bei Vierow und Lubmin werden zur Zeit der Recherchen Straßen gebaut und modernisiert, so dass wahrscheinlich die Radstrecke verlegt wird, vermutlich an die Küste.

In Ludwigsburg folgen wir auf Höhe eines Schlosses der Vorfahrtstraße nach rechts und gelangen auf einer schnurgeraden Allee nach Loissin. Am Ortende auf querlaufender Straße nach links (Ausschilderung: Gahlkow) und zwischen riesigen Feldern nach Gahlkow. Am Ortsrand leicht rechts halten (Radmarkierung: Vierow) nach Vierow. Im Ort auf der querlaufenden Hafenstraße nach links, kurz vor dem Hafen am Ende eines Industriebetriebs rechts abbiegen auf einen Sand-Kies-Weg, der entlang der Küste nach Lubmin führt, einem kleinen Badeort mit Sandstrand.

Im Ort auf der querlaufenden Hafenstraße nach links, kurz vor dem Strand rechts und in den Ort. Über zwei Straßenkreuzungen geradeaus und der nächsten rechts abzweigenden Straße, der Pflaumenallee, folgen zur Durchgangsstraße. Nach links auf asphaltiertem Radweg neben der Straße durch ein Waldgebiet und am ehemaligen Kernkraftwerk Greifswald entlang. Der Radweg endet, und auf einem Landsträßchen in das nette Dorf Spandowerhagen, das an der Mündung des Peenestroms in die Ostsee liegt. Jenseits des Peenestroms erstreckt sich die Insel Usedom mit einem Historisch-Technischen Informationszentrum der Raumfahrt in Peenemünde.

Ab Ortsende auf einem Fuß-/Radweg an der Straße durch ein Waldgebiet nach Freest. Durch den Hafenort und wieder auf einem Fuß/Radweg an der Straße in das Straßendorf Kröslin. Ab Ortsende auf Fuß-/Radweg (Radmarkierung: Wolgast) an der Durchgangsstraße zwischen riesigen Feldern nach Groß Ernsthof und noch 1 km entlang der Durchgangsstraße bis zum Waldrand. Hier nach links auf einem Sand-Kies-Weg, vorbei am kleinen Tierpark „Wolgast/Tannenkamp", und nach links auf einen Waldweg (Radmarkierung: Radwanderweg, Zentrum). Nach 100 m rechts (Radmarkierung) auf eine Pflasterstraße, über eine Kreuzung und in die Siedlung Tannenkamp. Wenig später links abbiegen (Radmarkierung: Zentrum) auf einen Fuß-/Radweg, der zum Peenestrom hinunterführt. Nach rechts am Ufer entlang zum Stadtrand von Wolgast und weiter, vorbei am Museumshafen, zur Peenestrom-Brücke (Durchgangsstraße B 111).

Info

Die heutige Bedeutung der Kleinstadt **Wolgast** besteht darin, dass sich hier eine der beiden Brücken über den Peenestrom befindet, die eine Straßenverbindung – und hier in Wolgast auch die Bahnverbindung – zur Insel Usedom herstellen; der zweite Brückenübergang befindet sich weiter südlich zwischen Anklam und der Kleinstadt Usedom. Bis in das 17. Jahrhundert lag die Bedeutung der Stadt auf anderen Gebieten: Zum einen war Wolgast seit dem 13. Jahrhundert Residenz der pommerschen Fürsten, woran aber nur noch der Name „Schlossinsel" erinnert, denn die letzten Reste eines Renaissance-Schlosses auf der kleinen Insel im Peenestrom wurden im 19. Jahrhundert abgetragen; und zweitens war Wolgast Hansestadt mit einem wichtigen Hafen.

Die Stadt wurde im Lauf der Jahrhunderte mehrfach zerstört, zuletzt nahezu vollständig im Nordischen Krieg (1713). Überdauert aber hat die wuchtige

Der Fischerhafen von Freest, einige Kilometer nördlich von Wolgast.

Petrikirche (14. Jhdt.) mit Ausmalungen aus dem 15. und 16. Jahrhundert und einer Krypta, die als Grablege der pommerschen Herzöge diente. In der „Kaffeemühle", einem alten Speicher, ist das Stadtmuseum untergebracht mit dem Schwerpunkt auf der Stadtgeschichte, und im Geburtshaus des Malers Philipp Otto Runge, Zeitgenosse von Caspar David Friedrich, wurde ein Runge-Museum eingerichtet mit Repliken seiner Werke. Im kleinen Hafen liegen einige Museumsschiffe, u. a. eine Dampffähre aus dem 19. Jahrhundert.

Wir überqueren die Brücke – eine Hebebrücke, die zeitweise gesperrt wird –, biegen sofort links ab und folgen nach wenigen Metern scharf nach rechts einem Fuß-/Radweg (Radmarkierung: Zecherin, Zinnowitz) entlang dem Ufer des Peenestroms in das Dörfchen Mahlzow. Im Ort steigen wir leicht an und biegen unmittelbar vor den Gleisen der Usedomer Bäderbahn links ab auf einen asphaltierten Weg (Radmarkierung: Mölschow) nach Mölschow. Kurz nach dem Ortsende wenden wir uns in einer Rechtskurve der Straße nach links (Radmarkierung: Trassenheide) auf ein Sträßchen, das in einen Fuß-/Radweg übergeht. Nach 1 km gelangen wir wieder an die Straße und folgen einem Radweg nach Trassenheide.

Eine querlaufende Straße kreuzen wir schräg nach rechts (Ausschilderung: Zum Strand; Radmarkierung), fahren durch den kleinen Ort und überqueren die Gleise der Bäderbahn. Vorbei an der Ortschaft Trassenmoor erreichen wir den Strand und folgen nach rechts einem Küstenweg nach Zinnowitz. Der Weg bis Ahlbeck verläuft in leichtem Auf und Ab, ist bei Fußgängern wie Radfahrern höchst beliebt. Die Route ist zwar nicht immer geradlinig, aber sie ist bestens markiert, so dass es unmöglich ist, vom richtigen Weg abzukommen.

Hinweis: Auf den Strandpromenaden in den Seebädern sollte Rücksicht genommen werden auf die zahlreichen Fußgänger! Vor allem im Bereich der Seebrücken herrscht lebhaftes Treiben; an besonders belebten Passagen müssen Radfahrer die Räder schieben!

Info

Am etwa 40 km langen Strand der Insel Usedom reihen sich mehrere Seebäder aneinander. Zinnowitz ist nach Ahlbeck das zweitgrößte der Usedomer Seebäder, während die „Kaiserbäder" Bansin und Heringsdorf die elegantesten sind mit ihrer „Bäderarchitektur", einer Mischung aus klassizistischen Gebäuden und Jugendstil-Villen. Bansin vor allem wirkt „gepflegt-zurückhaltend", denn anders als die aus Fischersiedlungen entstandenen und zu Seebädern herangewachsenen Orte wurde Bansin gegen Ende des 19. Jahrhunderts als Badeort für den deutschen Adel und Geldadel geplant und gebaut.

Zinnowitz, neben Ahlbeck das größte Seebad auf Usedom, wird schon im Mittelalter urkundlich erwähnt und erlebte seinen Aufschwung in der zweiten Hälfte des 19. Jahrhunderts mit dem Beginn des Badetourismus. Innerhalb weniger Jahrzehnte entwickelte sich Zinnowitz zu einem städtisch wirkenden, mondänen Ort, denn Investoren aus ganz Deutschland errichteten Hotels und Villen in der typischen Bäderarchitektur. Ein Rückschlag in der Entwicklung war unter dem nationalsozialistischen Regime der Ausbau von Peenemünde zur Heeresversuchsanstalt für Raketen mit der Einquartierung der Beschäftigten in das nun zur Sperrzone erklärte Zinnowitz. Der Badetourismus kam zum Erliegen. Nach dem 2. Weltkrieg enteigneten die Sowjets die Hausbesitzer, und den Löwenanteil sicherte sich die Wismut AG – sie förderte in Sachsen das Uran für den Bau der sowjetischen Atombomben – für die Ferienverschickung ihrer Mitarbeiter. Monströses DDR-Erbe sind das Hotel Baltic und das Kulturhaus. Heute bietet die Bernsteintherme eine Schlechtwetter-Alternative zum Badevergnügen am Strand. Wer in Nostalgie schwelgen möchte, besucht das Bademuseum.

Das kleinste Seebad auf Usedom ist **Zempin**, an einer der schmalsten Stellen der Insel zwischen Ostsee und Achterwasser gelegen.

Zwischen Zempin und Koserow liegt **„Lüttenort".** Es handelt sich nicht um ein Dorf, sondern um einen kuriosen Zusammenbau eines S-Bahn-Waggons mit einem Haus, in dem der Maler Otto Niemeyer-Holstein seit 1939 lebte. Seine Werke passten weder in das Kunstverständnis der Nationalsozialisten noch in das der DDR-Stalinisten. Erst nachdem 1965 eine Ausstellung seiner Werke in Berlin stattfand, wurde er von den Partei-Ideologen akzeptiert.

Das Fischerdorf **Koserow** entwickelte sich seit der Mitte des 19. Jahrhunderts zu dem heutigen ruhigen Badeort, in dessen Nähe sich der Streckelsberg (56 m) erhebt. Von der einstigen Armut der Dorfbewohner zeugen noch heute einige Salzhütten am Strand, in denen die Fischer mit steuerfrei erworbenem Salz ihren Fang konservieren konnten. Eine der Hütten wurde in das Museum „Uns Fischers Arbeitshütt" umgewandelt, eine andere in ein Fischlokal.

Das kleine, ruhige **Kölpinsee** – korrekt: Loddin/Kölpinsee, denn das am Achterwasser gelegene Loddin bildet mit Kölpinsee eine Gemeinde – entstand erst kurz vor 1900, als von der Gemeinde Loddin eine „Kolonie" am Kölpinsee nahe der Ostseeküste gebaut wurde. In den Jahren vor dem 2. Weltkrieg war Kölpinsee bei Filmschauspielern und Regisseuren sehr beliebt.

Das Seebad **Bansin** ist das kleinste und ruhigste der drei Kaiserbäder und legte von Beginn an größten Wert auf Gäste aus den höchsten gesellschaftlichen Kreisen, aus der preußischen Aristokratie, der Finanzwelt und der Großindustrie. Diese Tradition der Exklusivität setzte sich fort: Während der Nazi-Herrschaft war Bansin hohen Parteifunktionären und hochrangigen Militärs vorbehalten, in der DDR waren hier vor allem Spitzengenossen der Staatssicherheit unter sich.

Durchgängig geprägt von der Bäderarchitekur der Gründerzeit, ist Bansin das vornehmste der Seebäder. Prachtvolle Villen, zumeist in Hotels oder Ferienwohnungen umgewandelt, strahlen wieder vornehme Eleganz aus. Interessant ist das **Tropenhaus**, in dem der Besucher zwischen tropischen Pflanzen und exotischen Tieren Kaffee trinken kann. Wer mehr Geschmack an Kunst und Literatur findet, besucht das **Gedenk-Atelier Rolf Werner**, in dem Werke des Malers und Grafikers ausgestellt sind, und das **Hans-Werner-Richter-Haus**, das an den Schriftsteller und Mitbegründer der „Gruppe 47" erinnert.

Aus einem Fischerdorf entwickelte sich seit etwa 1875 das **Seebad Heringsdorf**. Aufgrund der immensen Investitionen des Berliner Bankiers Hugo Delbrück und mittels der Kontakte, die der Königliche Oberforstmeister Georg B. von Bülow in Berlin hatte, wurde das Dorf innerhalb weniger Jahre zum mondänen Seebad Heringsdorf „hochkatapultiert". Zunächst ließ sich G. B. von Bülow eine Villa erbauen, die als „Weißes Schloss" bezeichnet wird, rührte dann in höchsten Berliner Kreisen die Werbetrommel – und alle kamen, die in Preußen Rang und Namen hatten: der Hochadel und die reichsten Industriellen. In diese gesellschaftliche Umgebung passten auch der preussische König Friedrich Wilhelm IV. und sein Sohn, der spätere Kaiser Wilhelm II. Schließlich öffnete sich Heringsdorf auch einigen wenigen ausgewählten Künstlern wie beispielweise Thomas Mann, Th. Fontane, Maxim Gorki und Leo Tolstoi.

Auf der modernen **Seebrücke**, mit über 500 m Länge europaweit ein Superlativ, befinden sich neben Geschäften auch ein Restaurant und ein Café, ein Muschelmuseum und ein Wachsfigurenkabinett. Überragt werden der Seebrücken-Vorplatz und die umstehenden prächtigen Villen von zwei mittlerweile modernisierten vielstockigen Plattenbauten, die in der DDR-Zeit als Ferienheime des Gewerkschaftsbunds hochgezogen wurden. Der Betrachter gewinnt den Eindruck, als sollte mit diesen Platten-Hochhäusern der Sieg der Arbeiterklasse über die Bourgeoisie augenfällig dokumentiert werden.

Neben zahlreichen prachtvollen Gründerzeit-Villen ist die **Villa Irmgard** eine besondere Erwähnung wert, denn sie beherbergt eine Maxim-Gorki-Gedenkstätte und ein Museum für Literatur- und Regionalgeschichte.

Zum **Seebad Ahlbeck** siehe Radtour 16.

In Zinnowitz fahren wir auf der Strandpromenade am Ort entlang und in Strandnähe durch den Küstenwald zum Ortsrand von Zempin. Wir wenden uns nach links, gleich wieder nach rechts und am Strand entlang nach Koserow. Kurz nach der Seebrücke entfernt sich der Weg von der Küste und führt im Wald um den Streckelsberg (56 m) herum nach Kölpinsee, wo wir die Räder über eine Treppe hinuntertragen zum Strandzugang. Wir passieren den kleinen Kölpinsee und müssen wenig später mehrere Anstiege bewältigen, ehe wir den Strandzugang von Ückeritz erreichen. Hier halten wir uns auf einer Straße links, nach 100 m rechts und passieren einen Campingplatz. Im weiteren Verlauf steigt der Weg einige Male an, führt im Wald um die Erhebung Langer Berg (54 m) herum und mündet vor Bansin in eine Straße ein. Den Radmarkierungen folgen wir zur Strandpromenade von Bansin und bleiben nun auf der durchgängigen, mehrere Kilometer langen Strandpromenade, passieren Heringsdorf – hier befindet sich die Jugendherberge – und erreichen schließlich Ahlbeck.

Radler, die den Ostsee-Radfernweg in Ahlbeck beenden und per Bahn nach Lübeck zurückkehren möchten, müssen durch Ahlbeck hindurch. Da die engen Straßen ein für Außenstehende verwirrendes Einbahnstraßen-System erfordern, schlagen wir einen leicht zu findenden Weg vor: Bis zum Ende der Strandpromenade fahren, abbiegen in die Bergstraße und nach ca. 400 m an der dritten Kreuzung nach links in die Schulzenstraße; an der nächsten Kreuzung rechts abbiegen in die Bahnhofstraße und die Durchgangsstraße B 111 überqueren.

Vorschläge für bequeme Tagestouren auf dem Ostsee-Radfernweg

a) Zwischen Priwall und Wismar (siehe Ostsee-Radfernweg, 1.Tag)

- Priwall – Boltenhagen oder umgekehrt, 32 km.
  Rückfahrt mit LVG-Bus (Transport von Rädern, aber die Anzahl der Räder ist beschränkt); Anmeldung unter Tel. 0 4502/86 16 44. Abfahrt (Linie 25) in Boltenhagen am Kurhaus ca. 17.15 Uhr; Abfahrt in Priwall an der Anlegestelle der Autofähre ca. 15 Uhr (Linie 25) und ca. 16 Uhr (Linie 38), in Dassow umsteigen (Linie 25).

b) Zwischen Wismar und Warnemünde (siehe Ostsee-Radfernweg, 2. Tag)

- Rerik – Kühlungsborn West oder umgekehrt: hin und zurück auf dem gleichen Weg, 22 km.

- Kühlungsborn Ost – Bad Heiligendamm – Börgerende oder umgekehrt: hin und zurück auf dem gleichen Weg, 16 km.

c) Zwischen Warnemünde und Zingst (siehe Ostsee-Fernradweg, 3. Tag)

- Warnemünde – Graal-Müritz oder umgekehrt: hin und zurück auf dem gleichen Weg, 30 km.

Zwischen Graal-Müritz und den Orten auf der Halbinsel Fischland-Darss-Zingst sind zahlreiche bequeme **Touren ohne Anstiege** möglich, und zwar von jedem Ort aus, beispielsweise

- Graal-Müritz – Wustrow und zurück 30 km.
- Dierhagen Strand – (Ahrenshoop-) Althagen und zurück 20 km.
- Wustrow – Born und zurück 20 km.
- Wustrow – Wieck und zurück 31 km.
- Prerow – (Ahrenshoop-) Althagen und zurück 36 km.
- Zingst (Seebrücke) – Prerow und zurück 14 km.
- Zingst (Seebrücke) – Wieck und zurück 27 km.
- Zingst (Seebrücke) – Born und zurück 40 km.
- Zingst – Althagen und zurück 52 km.

Kombination Radstrecke – Rückfahrt per Bus: Zwischen Ribnitz-Damgarten – Dierhagen – Wustrow – Prerow – Zingst – Barth verkehrt zwischen Montag und Freitag mehrmals täglich, Samstag/ Sonntag und an Feiertagen nur zweimal am Tag der **„Ostseebus“** (mit Transport von Rädern) der Verkehrsgemeinschaft Nordpommern. Dadurch ist es möglich, zwischen diesen Orten beliebig lange Radtouren zu unternehmen und mit dem Bus zum Ausgangspunkt zurückzukehren.

Auskunft zu „Ostseebus“: VGN Nordpommern, Linie 110,
Tel. 0 38 21/88 65 65, www.nvp-bus.de

Kombination Radstrecke – Rückfahrt per Schiff: Einige der oben genannten Tour-Möglichkeiten lassen sich auch mit einer Bodden-Schifffahrt verbinden, so dass man eine Radtour unternehmen und die Rückfahrt mit dem Schiff machen kann, z. B.
- Zingst – Barth 13 km, Rückfahrt per Schiff.
- Prerow – Born oder Born – Prerow, 13 km, Rückfahrt per Schiff.

Auskunft zu Bodden-Schifffahrten: Reederei Poschke, Tel. 03 82 34/2 39. – Reederei Oswald, Tel. 03 82 32/1 66 77. – Reederei Rasche, Tel. 03 82 34/2 10, www.reederei-rasche.de; – Fahrgastbetrieb Kruse und Voß, Tel. 03 82 20/5 88, www.boddenschifffahrt.de

Auch verschiedene **Kombinationen „Radstrecke – Schifffahrt – Radstrecke“** sind ohne weiteres möglich; beispielsweise
- Radtour Zingst – Prerow – Born, 20 km – von Born per Schiff nach Prerow – per Rad zurück nach Zingst, 14 km.
- Radtour Wustrow – Born – Prerow, 26 km – von Prerow per Schiff nach Born – per Rad zurück nach Wustrow, 20 km.

d) Zwischen Zingst und Stralsund (siehe Ostsee-Radfernweg, 4. Tag)
- Zingst – Barth und zurück, 26 km.
- Die Tour Stralsund – Parow – Klausdorf – Zarrenzin, hin und zurück 28 km, ist wirklich lohnend nur im März/April und September/Oktober, wenn an der Küste Zugvögel aus Skandinavien, u. a. Zehntausende von Kranichen, an der Küste eine Rast einlegen.

e) Zwischen Stralsund und Greifswald (siehe Ostsee-Radfernweg, 5. Tag)

- Für Liebhaber von Alleen: Zwischen Andershof Ausbau (südöstlich von Stralsund) und Greifswald verläuft eine wunderschöne **Kopfsteinpflaster-Allee**. Wir empfehlen die Strecke Greifswald – Mesekenhagen – Reinberg, 13 km; entweder auf gleichem Weg zurück oder in Reinberg die Allee verlassen und 3,5 km zum Bahnhof von Miltzow, per Bahn zurück nach Greifswald.

- Um 5 km verlängert sich die Allee-Strecke auf 18 km, wenn man von Reinberg weiterradelt bis Brandshagen; entweder auf gleichem Weg zurück oder in Brandshagen die Allee verlassen und 2 km zum Bahnhof Wüstenfelde, per Bahn zurück nach Greifswald.

f) Zwischen Greifswald und Ahlbeck (Usedom) (siehe Ostsee-Radfernweg, 6. Tag)

- Auf der Insel Usedom lassen sich von jedem Seebad an der Nordküste Touren unternehmen zu jedem anderen Seebad; auf dem gleichen Weg kehrt man zurück zum Ausgangspunkt. Die größte Entfernung, zwischen Zinnowitz und Ahlbeck, beträgt 26 km, hin und zurück also 52 km.

- Falls man sich die Rückfahrt auf dem gleichen Weg ersparen möchte: Die **Usedomer Bäderbahn** (mit Radtransport) verkehrt täglich zwischen etwa 9 und 17.30 Uhr im 30-Minuten-Takt, anschließend bis etwa 22.30 Uhr im 60-Minuten-Takt.
  Information: www.ubb-online.com

- Ein **Abstecher vom Ostsee-Radfernweg** führt nach **Peenemünde,** wo in der ehemaligen, von den Nationalsozialisten erbauten Heeresversuchsanstalt der Wehrmacht (Raketenforschung und -entwicklung, aus der die berüchtigte „V 2" hervorging) ein Informationszentrum für Raumfahrt und Raketentechnik eingerichtet wurde; April–Okt 9–18 Uhr, ansonsten 9–16 Uhr.

Länge: Von Zinnowitz über Trassenmoor und den Badeort Karlshagen sind es hin und zurück 34 km; von Trassenmoor hin und zurück 27 km. Die Strecke verläuft überwiegend auf einem Fuß-Radweg, aber auf 4 km Länge auch auf der Straße.

Info: Historisch-Technisches Informationszentrum, Peenemünde, Tel. 03 83 71/50 50, www.peenemuende.de

19

Die Rügen-Rundtour

Rügen ist die größte deutsche Insel, deren Nord-Süd- wie auch Ost-West-Ausdehnung etwa 50 km beträgt. Beim Blick auf die Landkarte erscheint Rügen mit seiner zergliederten Küstenlinie richtiggehend „zerfleddert". Bis vor wenigen Jahrtausenden bestand Rügen aus mehreren kleineren Inseln, die durch Sand-Anschwemmungen miteinander verbunden wurden. Sehr deutlich ist dieser Vorgang im Norden an der schmalen Landbrücke Schaabe zwischen den Halbinseln Wittow und Jasmund zu sehen. Die Anschwemmungen schnürten mit der Zeit Ostsee-Wasserflächen vom offenen Meer ab und verwandelten sie in leicht salzhaltige Binnengewässer, die Bodden.

Die Insel besteht aus zwei landschaftlich unterschiedlichen Teilen. Im Westen erstreckt sich sanft gewelltes Flachland, im Osten erheben sich bewaldete Hügel. Die höchste Erhebung mit 161 m ist der Piekberg auf der Halbinsel Jasmund.

Die stärksten Anziehungspunkte sind das Kap Arkona im Norden und die Kreidefelsen auf der Halbinsel Jasmund, die sich von Sassnitz in nördliche Richtung bis Lohme hinziehen; der Aussichtspunkt Königsstuhl an der höchsten Stelle (117 m) der Kreidefelsen zieht jährlich 1,5 Millionen Besucher an. Sehenswert ist das klassizistische Gebäude-Ensemble des Kleinstädtchens Putbus, das zu Beginn des 19. Jahrhunderts vom Grafen Malte zu Putbus zur Residenz ausgebaut wurde. Kein architektonischer Anziehungspunkt, sondern ganz das Gegenteil, eine deutschlandweit einmalig krasse Bausünde und eben darum auch wieder sehenswert ist Prora, „der Koloss von Rügen", ein fast 4,5 km langer, mehrstockiger Gebäudekomplex am Strand nördlich von Binz. Die Nationalsozialisten bauten zwischen 1936 und 1943 an dieser Ferienanlage, in der im 10-tägigen Wechsel jeweils 20.000 Personen ihre Erholungstage verbringen sollten, glücklicherweise aber nicht mussten, denn die Anlage wurde nie fertiggestellt.

Die größten Kleinstädte sind Bergen im Inselzentrum und Sassnitz an der Nordostküste. Neu Mukran bei Sassnitz ist ein großer Fährhafen für

Schiffe nach Skandinavien und ins Baltikum, in Sassnitz legen die Ausflugsschiffe ab, die dem Besucher den Blick vom Wasser auf die Kreidefelsen und das Kap Arkona ermöglichen. Die Seebäder Binz, Sellin, Baabe und Göhren mit ihren Sandstränden liegen an der Südostküste Rügens, Thiessow am südlichsten Punkt der Halbinsel Mönchgut. Schöne Strände erstrecken sich außerdem im Nordosten an der Schaabe, einer Landbrücke zwischen den Orten Glowe und Juliusruh (bei Breege), und an der Nordküste zwischen dem Hafenort Dranske und dem nördlichsten Punkt Rügens, dem Gellort beim Kap Arkona. Sehr schön sind einige Dörfer an der Strecke, z. B. Vitt in der Nähe des Kap Arkona, im Süden der Insel in der Nähe des Seebads Baabe das unter Denkmalschutz stehende Moritzdorf und Klein Zicker bzw. Groß Zicker im äußersten Süden der Halbinsel Mönchgut.

Informationen zur Rügen-Rundtor
Der Rügen-Radfernweg ist 290 km lang und verläuft überwiegend entlang der Küste oder in geringer Entfernung zur Küste rund um die Insel Rügen. Eine zusätzliche Route führt quer über die Insel von Putbus im Süden über Bergen, die „Insel-Hauptstadt", in den Nordwesten zur Ortschaft Trent. Diese Querverbindung ließen wir bei unserer Rügentour außer Acht.

Vorschlag zur Einteilung der Tagesetappen
1. Tag: Altefähr – Schaprode (76 km)
2. Tag: Schaprode – Juliusruh (58 Km)
3. Tag: Juliusruh – Thiessow (75 Km)
4. Tag: Thiessow – Altefähr (81 km).

Dies bedeutet, dass der 3. und 4. Tag etwas anstrengend werden, da diese Etappen durch hügeliges Gelände führen. Den 4. Tag kann man sich um einen Streckenabschnitt von 19 km erleichtern, indem man in Baabe den Dampfzug „Rasender Roland" besteigt und in Putbus wieder verlässt. Die Etappe ist dann zwar nur noch 62 km lang, aber man hat dadurch auch eine sehr schöne Ecke Rügens verpasst. Eine weitere Möglichkeit besteht darin, den 4. Tag aufzuteilen in zwei Tagesetappen: Thiessow – Campingplatz Pritzwald (68 km) und am nächsten Tag Pritzwald – Altefähr (33 km).

Der Dampfzug **„Rasender Roland"** verkehrt im Sommer täglich 16-mal auf der Strecke Lauterbach – Putbus – Binz – Jagdschloss Granitz – Sellin – Baabe – Göhren; Dauer ca. 1.30 Std; Auskunft: Rügensche Kleinbahn, Binzer Str. 12, 18581 Putbus, Tel. 03 83 01/8 01 12.

Jugendherbergen
Die einzige Jugendherberge auf Rügen befindet sich in Prora.

Campingplätze
Es gibt ca. 20 Campingplätze, die meisten in Küstennähe. Schwierig wird die Etappen-Einteilung auf dem letzten Abschnitt der Rundtour zwischen Thiessow auf der Halbinsel Mönchgut und dem Ausgangs- und Endpunkt Altefähr. Wer diese lange Etappe unterteilen möchte, muss einen Abstecher von 10 km in Kauf nehmen: Bei Groß Schoritz, südlich von Garz, links abbiegen und über Zudar nach Pritzwald an der Küste.

Campingplätze an der Strecke

1. Tag: Altefähr – Suhrendorf, auf der Insel Ummanz – Haidhof, 1 km südlich von Gingst – Schaprode.
2. Tag: Dranske – Nonnevitz – Drewoldke – Juliusruh.
3. Tag: Nipmerow – Prora/Binz – Baabe – Göhren – Lobbe – Thiessow.
4. Tag: Pritzwald, 10 km von der Radstrecke entfernt.

Markierung

Die Rügen-Rundtour ist insgesamt gut markiert mit Täfelchen „Rügen-Rundtour".

Wichtiger Hinweis: Leider können einige verkehrsreiche Durchgangsstraßen (noch) nicht vermieden werden: die Zufahrt zum Hiddensee-Fährhafen Schaprode, die Durchgangsstraße Neu Mukran – Sassnitz, ein Abschnitt der Anfahrtstrecke zum Kap Arkona bei Glowe und die Verbindung zwischen Baabe und Göhren auf der Halbinsel Mönchgut. Es gibt Pläne, durch den Bau von Fuß-/Radwegen Abhilfe zu schaffen, aber die Realisierung wird vermutlich noch einige Zeit auf sich warten lassen.

1. Tag: Altefähr – Schaprode

Eine leichte Tagesstrecke durch eine flache Landschaft mit teilweise riesigen Feldern. Von Altefähr am Strelasund – am gegenüberliegenden Ufer ist Stralsund zu sehen – kurzzeitig entlang der Küste, zumeist aber in geringer Entfernung zur Küste. Am Weg liegen zahlreiche Ortschaften mit nur wenigen Höfen. Lediglich Gingst und der Hafen Schaprode für die Hiddensee-Fähren sind etwas größere Dörfer.

Toureninfos

Karte S. 143

km: 76 km; bei Start in der Altstadt von Stralsund zusätzlich 6 km.

START: Altefähr, ein kleiner Fährhafen am Strelasund, gegenüber von Stralsund.

P: Parken entweder im Hafen von Altefähr oder beim Campingplatz-Besitzer fragen, ob man das Fahrzeug am Campingplatz stehen lassen kann.

Eine leichte Etappe; die Tour verläuft in einer sanft gewellten Landschaft. Wegverhältnisse: Straßen und Sträßchen, teils als Alleen, Sand-Kies-Wege, Betonplatten-Wege, kurzzeitig Kopfsteinpflaster; zwischen Gingst und Schaprode zweimal für wenige Kilometer auf zeitweise stark befahrener Landstraße.

Strand bei Altefähr, bei Suhrendorf auf der Insel Ummanz und bei Schaprode.

Gotische Dorfkirche in Waase (Ummanz), Mo–Fr 10–12 und 13–17 Uhr, Sa/So und an Feiertagen 14–16 Uhr. – In Gingst ein Heimatmuseum mit Handwerkerstuben aus dem 18. Jahrhundert, Juni–Sept täglich 10–17 Uhr, Okt–April Mo–Fr bis 16 Uhr, Rügenpark April–Okt tägl. 9–18 Uhr.

Tourismus-Info Altefähr, Am Fährberg 6, 18573 Altefähr, Tel. 03 83 06/7 54 24. – Fremdenverkehrsverein Gingst, Kapelle, 18569 Gingst, Tel. 03 83 05/2 84. – Ummanz-Information, Alte Küsterei Neue Straße 63 a, 18569 Waase, Tel. 03 83 05/ 5 34 81, www.westruegen.de; – Hiddensee-Fähren: Insel-Information Hiddensee, Norderende 162, 18565 Vitte, unter Tel. 03 83 00/6 42 26, www.insel-hiddensee.de

Tourverlauf

Von Altefähr folgen wir am Campingplatz in nördliche Richtung einem Sand-Kies- und Betonplatten-Weg entlang der Küste, die auf etwa einen Kilometer Länge eine nur wenige Meter hohe Steilküste ist. Nach knapp 5 km knickt der Weg rechts um, verlässt die Küste und führt an den wenigen Häusern von Bessin vorbei; hier steht eine achteckige Kapelle aus dem 15. Jahrhundert. Wenig später passieren wir die Ortschaft Breesen und erreichen Rambin mit einer gotischen Backsteinkirche (14. Jhdt.) und einem ehemaligen Kloster.

Im Ort nach links und auf einem Betonplatten-Weg zu den wenigen Häusern von Drammendorf. Bei Rothenkirchen folgen wir nach links einem Sträßchen, das an das Ufer des Kubitzer Bodden führt. Kurz darauf wenden wir uns an einer Wegkreuzung nach links, passieren nacheinander die jeweils in etwa zwei Kilometern Abstand liegenden Dörfchen Dussvitz, Landow (mit kleiner Kirche aus dem 14. Jhdt.),

Unrow und Lüssvitz, ehe wir bei dem größeren Dorf Groß Kubitz auf die Straße Gingst – Insel Ummanz stoßen.

Bei Groß Kubitz halten wir uns links, überqueren den Focker Strom und sind schon am Ortsbeginn von Waase, dem Hauptort der Insel Ummanz. Gleich an der Brücke linker Hand ein kleiner Fischerhafen und eine gotische Dorfkirche.

In Schaprode (Rügen) legen Fähren und Taxi-Boote ab nach Hiddensee.

Info

Hauptort der **Insel Ummanz** ist das kleine Straßendorf **Waase** mit einem Fischer- und Bootshafen am Focker Strom. Nur ein paar Meter entfernt steht die gotische, teilweise ausgemalte **Dorfkirche** mit frei stehendem Glockenstuhl und einem kostbaren geschnitzten Flügelaltar, der so gar nicht hierher zu passen scheint. Und diese Dorfkirche ist denn auch ein zufälliger Standort des Altars. Ursprünglich befand sich der um das Jahr 1520 in Antwerpen entstandene Altar im Heiliggeistkloster der reichen Hansestadt Stralsund, wurde aber vermutlich in der unruhigen Zeit des Nordischen Kriegs – Schweden, Dänemark und Russland kämpften in den Jahren 1700–1721 um die Vorherrschaft im Ostseeraum – in das zu Stralsund gehörige Waase ausgelagert und geriet wohl in Vergessenheit.

Geradeaus durch das Straßendorf Waase und in einer weit geschwungenen Runde auf verkehrsarmen Sträßchen, teilweise auf Betonplatten-Sträßchen, über die Insel und zurück nach Waase. Unterwegs bietet sich beim Campingplatz Suhrendorf die Möglichkeit zu baden.

Wir verlassen die Insel wieder über den Focker Strom und biegen nach 3,5 km zwischen Varbelvitz Dorf und Groß Kubitz links ab auf ein Sträßchen, das über Volsvitz nach Gingst führt. Dabei passieren wir den Rügenpark, einen Freizeitpark mit Miniatur-Ausgaben berühmter Gebäude in aller Welt und einem Modell von Rügen, das anschaulicher ist als jede Landkarte.

In Gingst folgen wir am Marktplatz, vor der großen Kirche, nach links der nun stärker befahrenen Straße, die über Kluis und Trent zum Fährhafen Schaprode führt. Gleich am Ortsende halten wir uns in einer Rechtskurve der Straße geradeaus auf einen Fahrweg, der nach 3,5 km in die Durchgangsstraße Kluis – Trent – Schaprode einmündet. Nach links müssen wir nun 4 km weit auf der schnurgeraden Straße bleiben, ehe wir kurz nach einem Waldstück links abbiegen in Richtung Freesen. In dem kleinen Ort wenden wir uns nach rechts und erreichen südlich von Trent ein querlaufendes Sträßchen, auf dem wir uns links halten und bei Zubzow an die Durchgangsstraße Trent – Schaprode gelangen. Auf der Straße nach links durch den Ort Granskevitz und weitere 4 km nach Schaprode. Streckenweise verläuft ein rauer Feldweg wenige Meter neben der Straße. Sollte das Verkehrsaufkommen sehr hoch sein, empfiehlt es sich, diesen Feldweg zu benutzen. Während noch vor dem Ort die Autos links abbiegen zu einem großen Parkplatz für die Hiddensee-Besucher, radeln wir geradeaus in den Ort hinein zum Fährhafen.

Info

Schaprode ist ein kleiner Ort mit mehreren Kapitänshäusern und einem Hafen, der vor Jahrhunderten der wichtigste Hafen auf Rügen war. Auch heutzutage ist der Hafen sehr lebhaft, denn hier legen Fähren ab, die pro Fahrt mehrere hundert Tagesbesucher nach Hiddensee bringen. Gleich neben der Anlegestelle der Fähren liegen auch die Wassertaxis, kleine, schnelle Boote, die 4–5 Personen samt Fahrrädern transportieren – eine bedenkenswerte Alternative zu den an schönen Sommertagen restlos ausgebuchten Fähren.

2. Tag: Schaprode – Juliusruh

Zum größten Teil verläuft die Tour auf der Halbinsel Wittow, dem „Land des Windes". Ein treffender Name, denn ungehindert kann der Wind über das flache Land hinwegfegen. Die einzige Erhebung ist Kap Arkona und dessen unmittelbare Umgebung.

Von wenigen Kilometern abgesehen, verläuft die Tagesstrecke unmittelbar an der Küste oder in geringer Entfernung zur Küste. Nur gelegentlich, wenn die Nordküste zwischen Dranske und Kap Arkona streckenweise zur Steilküste wird, steigt der Weg etwas an; ansonsten bietet die Strecke bequemes Radeln in einer flachen Landschaft. Größere Ort sind die ruhigen Hafenstädtchen Wiek und Dranske. Höhepunkt der Tour ist im wahren Sinn des Worts das bei Touristen beliebte Kap Arkona (ca. 40 m). Etwas südlich von Kap Arkona liegt Vitt, laut Rügen-Werbung „das schönste Dorf auf Rügen".

Toureninfos

Karte S. 143

km 58 km.

Weitgehend flache, sanft gewellte Landschaft außer der Steilküste am Aussichtspunkt Gellort und am Kap Arkona, das mit ca. 40 m die höchste Erhebung auf Wittow darstellt. Wegverhältnisse: Straßen und Sträßchen, Sand-Kies-Wege, Betonplatten-Wege, asphaltierter Fuß-/Radweg.

Bei Dwarsdorf, kurz vor der Wittower Fähre; Strand bei Dranske und an der Nordküste; bei Vitt, Drewoldke und Juliusruh.

Wittower Fähre, täglich 6–19 Uhr, im Sommer bis 21 Uhr. – In Dranske ein Marinehistorisches Museum, Juni–Aug Di, Do und Sa

14–17 Uhr, Sept–Mai nur mit Voranmeldung, Tel. 03 83 91/ 87 30. – Am Kap Arkona der Schinkelturm mit Museum, Ausstellung zu Baumeister Schinkel und einzelnen Themen der Seefahrt, Mai/Juni und Sept/Okt 10–17 Uhr, Juli/Aug 10–19 Uhr, Nov–April 12–16 Uhr; Neuer Leuchtturm, Besichtigung und Turmbesteigung, täglich 10–18 Uhr; Kunstbunker mit wechselnden Kunstausstellungen, täglich 10–16 Uhr; Nebelsignalstation mit Ausstellung zur Seenotrettung, 11–16 Uhr; Marine-Peilturm mit wechselnden Ausstellungen zu unterschiedlichen Themen und Ausstellung zur Jaromarsburg, täglich 11–17 Uhr, Juli/Aug 11–19 Uhr.

Informationsdienst Kap Arkona, 18556 Putgarten, Tel. 03 83 91/41 90. – Fremdenverkehrsamt Dranske, Max-Reichpietsch-Ring, 18556 Dranske, Tel. 03 83 01/8 90 07, www.gemeinde-dranske.de; – Informationsamt Breege-Juliusruh, Wittower Straße 5, 18556 Breege, Tel. 03 83 91/3 11.

Tourverlauf

In Schaprode kehren wir auf der Ortsdurchfahrt zurück in Richtung Ortsrand, halten uns aber an einer Straßengabelung links in Richtung Retelitz/Poggenhof/Caravanplatz. Kurz nach einer Linkskurve der Straße biegen wir rechts ab, halten uns bei den wenigen Häusern von Poggenhof links und gelangen auf einem Sand-Kies-Weg zur Steilküste am Rassower Strom. Nach rechts auf einem Betonplatten-Weg entlang der Steilküste erreichen wir ein Sträßchen – hier besteht die Möglichkeit zu baden – und radeln geradeaus, vorbei am Weiler Vaschvitz, zur Durchgangsstraße Trent – Wittower Fähre. Die Fahrt mit der Autofähre dauert nur wenige Minuten.

An der Anlegestelle wenden wir uns sofort nach links und radeln nun entlang der Küste nach Zürkvitz. Rechts um das Dörfchen herum, und auf der Durchgangsstraße erreichen wir wenig später die Ortsmitte von Wiek. Wir folgen der Ausschilderung „Hafen" und wenden uns am Hafen-Parkplatz nach rechts auf einen Klinker-Fuß-/Radweg, der in ein Klinker-Sträßchen übergeht. Am Ortsrand geradeaus auf einem Sand-Kies-Weg entlang dem verschilften Ufer des Wieker Bodden zum kleinen Hafen Kuhle, wo wir auf die zeitweise stärker befahrene Durchgangsstraße Altenkirchen – Dranske stoßen. Nach links führt ein Radweg an der Straße nach Dranske.

Geduldspiel im Kleinen Hafen von Kuhle.

Info

Dranske liegt am Übergang der Halbinsel Wittow zur schmalen Landzunge Bug, die seit Reichswehr-Zeiten zu Beginn des letzten Jahrhunderts militärisch genutzt wurde. Zuletzt unterhielt hier die Nationale Volkarmee einen Stützpunkt; hierzu ein Marinehistorisches Museum. Die militärische Nutzung hatte Auswirkungen: Der Ausbau des Orts zu einem Touristenort war unmöglich. Mittlerweile gibt es eine kleine Strandpromenade, und in einigen Jahren, wenn das geplante „Bug Baltic Sea Resort" mit 2000 Gästebetten tatsächlich eröffnet werden sollte, wird der Ort wohl sehr viel anders aussehen als heute.

Im Ort halten wir uns rechts, radeln in Richtung Küste und wenden uns nach rechts auf ein Sträßchen, das über die Weiler Dranske Hof und Lancken – hier eine barocke Parkanlage vom Anfang des 18. Jahrhunderts – zu einer Gabelung führt. Nach rechts, vorbei an einem Großsteingrab, erreichen wir den Ortsrand von Gramtitz.

Tipp

Die Radmarkierung weist nach links. Wir empfehlen, sofern das Rad mit schwerem Gepäck beladen ist, geradeaus weiterzufahren, denn der links abzweigende, markierte Weg verläuft zwar anfangs noch auf einem befestigten Sträßchen, anschließend aber auf eine Länge von 11 km überwiegend auf einem Sand-Kies-Weg entlang der Küste; landschaftlich sehr schön, aber etwas mühsam.

Abweichend von der offiziellen, markierten Route fahren wir geradeaus nach Gramtitz, wenden uns auf einer querlaufenden Straße nach links und fahren zwischen riesigen Feldern auf die Leuchttürme des Kap Arkona zu. In Mattchow halten wir uns an einer Straßenkreuzung leicht links/geradeaus und müssen uns kurz nach einer ballonartigen Radarstation an einer Linksabzweigung entscheiden: Geradeaus über Putgarten zum Kap Arkona, oder landschaftlich schöner, aber anstrengender, nach links zur Steilküste und auf einem Sand-Kies-Weg zum Aussichtspunkt Gellort und zum Kap Arkona.

Zu **Kap Arkona, Putgarten**, Fischerdorf **Vitt** und **Wegbeschreibung** zwischen Kap Arkona und Juliusruh siehe Radtour 11.

Vom Kap Arkona mit seinen verschiedenen Türmen und der slawischen Jaromarsburg entlang der Steilküste, vorbei an einem Aussichtspunkt mit Blick auf die Steilküste am Kap Arkona, bequem abwärts und kurz vor dem Waldrand nach rechts zu einer achteckigen Kapelle aus der Zeit um 1800. An der Kapelle nach links auf einem Fahrweg weiter hangabwärts und erneut nach links hinunter in das Fischerdorf Vitt, das in einem Einschnitt der Steilküste liegt.

Auf dem gleichen Weg kehren wir zu dem Betonplatten-Weg oberhalb der Küste zurück, passieren zunächst den Goorer Berg (36,5 m), dann das Hünengrab „Riesenberg" und gelangen bei Drewoldke an die Durchgangsstraße Glowe – Altenkirchen – Dranske. Nach links führt ein Radweg an der Straße in den kleinen Badeort Juliusruh.

Zum Campingplatz: Geradeaus durch Juliusruh, an der Rechtsabzweigung der nach Breege führenden Straße vorbei und nach 500 m rechts abbiegen zum Campingplatz.

3. Tag: Juliusruh – Thiessow

Eine lange Tagesetappe, die zunächst bequem auf der Landbrücke Schaabe verläuft, anschließend in einer hügeligen Landschaft und im Nationalpark Jasmund in der Stubnitz, einem bewaldeten Hügelland, bis auf über 100 m Höhe hinaufführt. Der höchste Punkt ist der Königsstuhl (117 m), ein herrlicher Aussichtspunkt an der Kante der Kreidefelsen. Die Tour umgeht Sassnitz und den Fährhafen Neu Mukran, und ab Neu Mukran führt der Weg auf einer Landbrücke mit langem Sandstrand an Prora vorbei in das Ostseebad Binz. Durch die bewaldete Hügellandschaft Granitz in das Seebad Sellin und über das Seebad Baabe – hier beginnt die Halbinsel Mönchgut – in das etwas erhöht gelegene Seebad Göhren. Der letzte Streckenabschnitt bis Thiessow ist flach und bequem zu fahren.

Toureninfos

Karte S. 143

75 km.

Drei flache. bequeme Streckenabschnitte wechseln sich ab mit zwei Abschnitten durch hügelige Waldgebiete. Wegbeschaffenheit: Straßen, davon ein Abschnitt von 3 km Länge und zwei Abschnitte von je 6–7 km Länge auf Durchgangsstraßen; Sand-Kies-Weg, Kopfsteinpflaster-Wege, asphaltierter Fuß-und Radweg; innerörtlich auch Kopfsteinpflaster.

Kilometerlanger Strand entlang der Landbrücke Schaabe zwischen Juliusruh und Glowe, steiniger Badeplatz in Lohme, kilometerlanger Strand südlich von Neu Mukran über Prora bis Binz; Strand zwischen Sellin und Göhren; Strand zwischen Göhren und Thiessow; in Sellin das Freizeitbad Nemo.

Am Königsstuhl (Kreidefelsen) ein Informationszentrum, täglich 9–18 Uhr. – In Prora fast alle Museen April–Sept täglich 10–18 Uhr, Okt–März 10–16 Uhr: Historisches Prora-Museum, Erläuterung des „Kraft durch Freude"-Gebäudekolosses; das Museum zum Anfassen, physikalisch/technisches Experimentarium; Erlebnismuseum Wasserwelt; Eisenbahn- und Technikmuseum, Ende März–Okt täglich 10–17 Uhr; Grafik-Galerie, 4000 Blätter internationaler Druckgrafik seit 1900, April–Okt Di–So 11–17 Uhr, Nov–März Di–So 11–15 Uhr; NVA-Museum. – In Binz ein Historisches Museum, Alltag im Ostseebad um das Jahr 1900, April–Okt Di–Sa 10–18 Uhr, So 14–17 Uhr, Nov–März Di–Sa 10–16 Uhr, So 14–17 Uhr; Deutsches Fälschermuseum, April–Okt Di–So 10–18 Uhr, Nov–März Di–So 10–16 Uhr. – In Sellin ein Bernsteinmuseum, Mo–Fr 10–12 und 14–17 Uhr, Sa 10–12 Uhr; Freizeitbad Nemo, Mo–So 9–22 Uhr. – In Göhren die Mönchguter Museumsanlage mit Heimatmuseum in einem Lotsenhaus, Museumshof, „Rookhus", Frachtkahn „Luise" und Schulmuseum in Middelhagen, Mai–Sept Di–So 10–17 Uhr. – In Thiessow die Lotsenwache, Informationen zu Biosphärenreservat Südost-Rügen, täglich 8.30–18 Uhr.

Informationsamt, Wittower Str. 5, 18556 Breege, Tel. 03 83 91/3 11. – Tourismusbüro, Hauptstr. 37, 18551 Glowe, Tel. 03 83 02/52 21, www.glowe.de – Tourismusverein, Dorfstr. 23, 18551 Lohme, Tel. 03 83 02/8 88 38, www.lohme.de – Fremdenverkehrsverein Binz, www.ostseebad-binz.de; – Tourist-Information, Wilhelmstr. 40, 18586 Sellin, Tel. 03 83 03/8 70 06, www.ostseebad-sellin.de – Kurverwaltung, Fritz-Worm-Str. 1, 18568 Baabe, Tel. 03 83 01/1 24 06, www.baabe.de – Fremdenverkehrsverein, Bahnhofstr. 3, 18586 Göhren, Tel. 03 83 08/2 59 40, www.goehren-ruegen.de; – Kurverwaltung, Hauptstraße 36, 18586 Thiessow, Tel. 03 83 08/82 80, www.thiessow.im-web.de

Tourverlauf

Von Juliusruh führt ein Fuß-/Radweg neben der Straße bequem durch den Dünenwald – zahlreiche Strandzugänge – in den größeren Luftkurort Glowe. Der breiten Durchgangsstraße, nun ohne Radweg, folgen wir durch den Ort und biegen gut zwei Kilometer nach dem Ortsende von der verkehrsreichen Straße links ab in Richtung Lohme. Diese weniger stark befahrene Landstraße verläuft in zahlreichen Kurven durch eine leicht hügelige Landschaft. Wir passieren einige kleine Ortschaften. u. a. Nardevitz, ein hübsches Straßendorf mit reetgedeckten Backsteinhäusern. Nach wenigen Kilometern gelangen wir in den kleinen Hafenort Lohme, der an einer Steilküste liegt, und steigen wieder an zum Ortsrand.

Zu **Nationalpark Jasmund** mit dem **Königsstuhl** und zum folgenden **Wegverlauf** durch den Nationalpark siehe Radtour 12.

Kurz nach dem Ortsende von Lohme biegen wir links ab nach Ranzow, fahren geradeaus durch den kleinen Ort und folgen einem Sand-Kies-Weg zum Waldrand. Rechter Hand sind die stattlichen Überreste einer Burg der Grafen von Putbus zu sehen. In der bewaldeten Stubnitz steigen wir auf einem alten Kopfsteinpflaster-Sträß-

Der Hafen des kleinen Fischerdorfs Vitt auf der Halbinsel Wittow.

chen an (gesperrt für Kfz) zu einer breiten Straße, auf der die Pendelbusse zwischen Hagen und dem Königsstuhl verkehren. Nach links sind es nur noch 300 m zu einer Wendeplatte, nur wenige Meter vor der Aussichtsplattform an der Kante der steil abfallenden Kreidefelsen. Linker Hand steht ein Informationszentrum, rechter Hand, etwas zurückgesetzt, befindet sich eine Gaststätte mit Tischen im Freien.

Nach dem Besuch am Königsstuhl folgen wir der Straße bequem bergab und stoßen nach 3 km auf die quer verlaufende, verkehrsreiche Durchgangsstraße Sassnitz – Glowe. Auf ihr geradeaus in Richtung Hagen und nach 700 m am Waldrand, unmittelbar vor dem ersten Haus von Hagen, links abbiegen auf einen Forstweg; streckenweise altes Kopfsteinpflaster. In leichtem Auf und Ab führt der kurvenreiche Weg am Fuß des Piekbergs (161 m) entlang, der höchsten Erhebung auf Rügen, und mündet in eine querlaufende, holprige Kopfsteinpflaster-Waldstraße ein (offen für Kfz). Nach rechts leicht bergab sind es nur etwa 700 m, ehe wir wieder links abbiegen, aber diese kurze Strecke ist ein Härtetest für Rad und Radlerin bzw. Radler.

Erneut auf einem Forstweg radeln wir in leichtem Auf und Ab weiterhin durch Wald und stoßen auf eine Kopfsteinpflaster-Straße. Ihr folgen wir nach rechts, verlassen den Nationalpark und halten uns in Lancken, einem Ortsteil von Sassnitz, stets geradeaus. Am Ortsende mündet die Straße in die Durchgangsstraße Sassnitz – Binz ein. In Ermangelung einer Alternative müssen wir auf eine Strecke von ca. 7 km auf dieser Straße bleiben. Wir passieren den kleinen Ort Neu Mukran und befinden uns nun auf einer schmalen Landbrücke zwischen der Ostsee und dem Kleinen Jasmunder Bodden. Wenige Minuten später verlassen wir die Durchgangsstraße und radeln an dem Gebäude-Monstrum Prora entlang.

Info

Prora, dieser fast 4,5 km lange, mehrere Stockwerke hohe Koloss steht leer, seit die Nationale Volksarmee, die einen Teil der Anlage belegt hatte, aufgelöst wurde. Lediglich einige (interessante) Museen und ein Café sowie eine Jugendherberge am südlichen Ende des Gebäudes sorgen für ein wenig Leben.

Der Bau geht zurück auf die NS-Bewegung „Kraft durch Freude", deren Ziel die Körperertüchtigung weiter Bevölkerungskreise war. Mehrere solcher Großprojekte waren geplant, mit Prora wurde begonnen. Im Jahr 1936 gingen die Bauarbeiten los, aber schon 1939 mussten sie mit dem Beginn des 2. Weltkriegs reduziert werden, und im Krieg wurden die Arbeiten dann eingestellt.

Wir gelangen nach Binz, das größte Ostseebad auf Rügen mit ca. 6000 Einwohnern, einem 6 km langen Sandstrand und einer Seebrücke. Wegen des ausgelassenen Trubels wird Binz treffend als „Rügens Rimini" bezeichnet.

Info

Während die anderen Ostseebäder auf Rügen ruhige Orte sind, ist **Binz** im Sommer so lebhaft und laut, dass manch ein Besucher ganz rasch wieder Reißaus nimmt. Schon vor dem Jahr 1900 begannen die ersten wohlhabenden Bürger, sich hier ihre Ferienträume zu verwirklichen und Villen zu erbauen. In kurzer Zeit entwickelte sich Binz zum großen Badeort. Dem Zeitgeschmack entsprechend wurde alles, was sich an architektonischem Gebäude-Zierat verwirklichen ließ, auch tatsächlich verwirklicht und in vornehmem Weiß gehalten. Das Ergebnis ist ein „weißer Ort" mit architektonischen Stilmischungen, wie sie sonst nirgendwo an der Ostseeküste zu finden sind.

Am südlichen Ortsrand wenden wir uns nach rechts und folgen der Radmarkierung, vorbei an einer Kirche, in das hügelige Waldgebiet Granitz. Wir passieren den Friedhof, wenig später einen Sportplatz und wenden uns nach links. Ein kurvenreicher Forstweg verläuft in leichtem Auf und Ab etwa 4 km weit durch Wald zum Ortsrand des Seebads Sellin. Nach 300 m biegen wir an einer Kreuzung in der Ortsmitte rechts ab in die Auguststraße und halten uns geradeaus, über eine Kreuzung hinweg, zur Durchgangsstraße B 196.

Der Durchgangsstraße folgen wir nach links und befinden uns kurz darauf schon am Rand des Seebads Baabe. Wir passieren die Haltestelle der Schmalspurbahn „Rasender Roland" und folgen einem Fuß- und Radweg an der Straße. Am Ortsende müssen wir wieder auf die jetzt breite B 196, die im Waldgebiet Baaber Heide verläuft. Nach etwas mehr als 1 km biegen wir links ab in Richtung Göhren, halten uns an einer Straßengabelung rechts und und steigen leicht an in das Ortszentrum des Badeorts Göhren.

Info

Das Seebad **Sellin** ist ein großes, recht ruhiges Dorf mit Villen im Stil der Bäderarchitektur und einer knapp 400 m langen Seebrücke. Nachteilig für Sonnenhungrige: Der nördliche Strandabschnitt liegt wegen der Steilküste schon nachmittags im Schatten. Ausgleich dafür bieten der südliche Strandabschnitt und „Nemo – die Wasserwelt", ein Freizeitbad.

Das Ostseebad **Baabe** ist das kleinste der Seebäder auf Rügen, ohne Trubel. Wer Erholung sucht, ist in Baabe bestens aufgehoben.

Göhren liegt leicht erhöht am östlichsten Zipfel Rügens und hat dadurch sowohl einen Nordstrand, als auch einen Südstrand. Der Nordstrand ist der bei weitem beliebtere, denn es handelt sich um einen Sandstrand mit einer Seebrücke. Der Südstrand ist steiniger, infolgedessen angenehm ruhig. Die Kleinstadt ist eine nette Mischung aus nicht allzu protzigen Villen, „normalen" Häusern und sogar noch einigen reetgedeckten Häusern. Wer sich an einem Regentag einmal langweilen sollte, kann eine Museumstour unternehmen: Verstreut im Ort liegen drei alte Museumsgebäude und ein Frachtkutter, und in Middelhagen informiert ein kleines Schulmuseum über „Schule von gestern".

Zum folgenden **Streckenabschnitt nach Thiessow** siehe Radtour 14 (Rügen, Halbinsel Mönchgut)

Aus der Ortsmitte folgen wir nach links der Thiessower Straße leicht bergab zum Ortsrand und zum Museumsschiff „Luise", wenden uns hier auf einer quer verlaufenden Klinker-Straße nach links und gelangen bequem nach Lobbe. Auf der Ortsdurchfahrt halten wir uns links, passieren auf einem Fuß-/Radweg einen Campingplatz und fahren in einem schmalen Streifen Dünenwald entlang dem kilometerlangen Großen Strand – mehrere Strandzugänge – nach Thiessow. Auf einem der rechts abzweigenden Wege erreichen wir die Ortsdurchfahrt des langgestreckten Badeorts. Linker Hand liegt das Ortszentrum, rechter Hand der Campingplatz.

4. Tag: Thiessow – Altefähr

Das erste Drittel der Tagesetappe bis wenige Kilometer westlich von Putbus verläuft überwiegend in einer leicht hügeligen Landschaft und entlang der Küste am Greifswalder Bodden, die restlichen zwei Drittel verlaufen vor allem im Inselinneren, einer sanft gewellten Landschaft. Die Halbinsel Mönchgut und das klassizistische Putbus, „die weiße Stadt Rügens", gehören zu den touristischen Hochburgen, während der südwestliche Bereich Rügens im touristischen Abseits liegt. Höhepunkte der Strecke sind einige schöne Dörfer zwischen Middelhagen und Putbus und das Kleinstädtchen Putbus.

Toureninfos

Karte S. 143

km 81 km.

Baabe ist Station des Dampfzugs „Rasender Roland" (Abstecher zur Bahn-Haltestelle 2 km); auch Lauterbach und Putbus sind Stationen des „Rasenden Roland".

Wegbeschaffenheit: Asphaltierte Straßen und Sträßchen, Kopfsteinpflaster-Straßen, asphaltierte oder mit Klinkern gepflasterte Fuß-/Radwege, die streckenweise auch auf niederem Deich und auf ehemaligem Bahndamm verlaufen, asphaltierte Fahrwege, Betonplatten-Wege, Sand-Kies-Wege.

Zwischen Thiessow und Lobbe am Großen Strand; Badeplatz bei Mariendorf/Alt Reddevitz und in Groß Stresow; kleiner Strand am Badehaus Goor, kurz vor Lauterbach.

Ruderfähre in Moritzdorf, täglich 9–21 Uhr. – In Putbus Historisches Uhren- und Musikgeräte-Museum, Mai–Okt täglich 10–18 Uhr, Nov–April täglich 11–16 Uhr; Puppen- und Spielzeugmuseum, April–Okt täglich 11–18 Uhr, Nov–März

11–17 Uhr. – In Garz das Ernst-Moritz-Arndt-Museum, Mai–Okt Mo–Sa 10–16 Uhr, Nov–April Di–Sa 11–15 Uhr. – In Groß Schoritz das Ernst-Moritz-Arndt-Geburtshaus, Mai–Okt täglich 10–16 Uhr, Nov–Mai Mo–Fr 10–16 Uhr. – „Rasender Roland": Rügensche Kleinbahn GmbH, Binzer Str. 12, 18581 Putbus, Tel. 03 83 01/01-12, www.rasender-roland.de

i Putbus-Information, Alleestr. 5 18581 Putbus, Tel. 03 83 01/4 31, www.putbus.de; – Touristik-Information, Thälmannstr. 1, 18574 Garz, Tel. 03 83 04/1 21 07, www.amt-garz.ruegen.de

Tourverlauf

Zu **Middelhagen** siehe Radtour 14.

Von Thiessow kehren wir auf dem gleichen Weg durch den Dünenwald zurück nach Lobbe, auf dem wir am Vortag nach Thiessow gelangten. Am Ende des Campingplatzes überqueren wir die Straße und folgen einem Fuß-/Radweg auf einem niederen Deich, vorbei am Lobber See, nach Middelhagen und biegen im Ort links ab. Den nie-

Ruderfähre zwischen Baabe-Bollwerk und Moritzdorf.

deren Schafberg umfahren wir rechts und erreichen Mariendorf. Nach rechts, vorbei an einer Ferienhaussiedlung und in geringer Entfernung zum Ufer der Bucht Having, erreichen wir die Siedlung Bollwerk: ein paar Häuser, ein Hotel-Restaurant und ein Hafenkai. Mit einer Ruderboot-Fähre lassen wir uns übersetzen nach Moritzdorf, einem hübschen, unter Denkmalschutz stehenden Dorf mit reetgedeckten Häusern.

Zu **Moritzdorf** siehe Radtour 13.

Am anderen Ufer wenden wir uns auf dem Uferstäßchen nach rechts zum Ortsrand und folgen einem Fahrweg nach links über einen Hügelrücken in das Straßendorf Seedorf mit seinem großen Bootshafen. Wir wenden uns nach rechts und überqueren gleich darauf eine schmale Brücke über den Ausfluss des Neuensiener Sees in die Bucht Having. Zunächst am Ufer des Sees, anschließend durch leicht hügeliges Gelände gelangen wir nach Preetz und wenig später zum Weiler Burtevitz. An einer Kreuzung wenden wir uns leicht nach links, passieren ein Großsteingrab und radeln am Rand einer Niederung nach Groß Stresow.

Im Ort an einer Gabelung links halten und auf einem asphaltierten Fuß-/Radweg entlang der Küste zu den wenigen Häusern von Muglitz. Hier beginnt ein Sträßchen, das sich von der Küste entfernt. Nach einem Kilometer, kurz vor der Ortschaft Freetz, biegen wir links ab auf einen Fuß-/Radweg, der wieder an den Rügischen Bodden führt und entlang der niederen Steilküste in einem kleinen Waldgebiet zum Badehaus Goor.

Zu **Badehaus Goor** und zu **Putbus** siehe Radtour 13.

Auf einer Allee erreichen wir den Ortsrand von Lauterbach, halten uns an einer Kreuzung geradeaus und stoßen kurz nach einer Bahnunterführung auf die Verbindungsstraße Lauterbach – Putbus. Entlang der Straße steigt ein Fuß-/Radweg leicht an nach Putbus.

Info

Um den Putbuser „Circus", einen kreisrunden und für ein Kleinststädtchen, auch wenn es Residenzstadt war, reichlich überdimensionierten Platz, sind zahlreiche klassizistische Gebäude angeordnet. Aber auch die breite Alleestraße und der Markt sind klassizistisch gestaltet. Von der Schlossanlage blieben nur noch Nebengebäude übrig, denn ein SED-Funktionär ließ das im Krieg kaum beschädigte Schlossgebäude kurzerhand abreißen. Im kulturellen Bereich ist **Putbus** noch immer Insel-Hauptstadt: Das Theater ist das einzige auf Rügen. Zwei Museen ergänzen das kulturelle Angebot: ein Historisches Uhren- und Musikgeräte-Museum und ein Puppen- und Spielzeugmuseum.

Nach einer 3/4-Drehung um den Circus folgen wir der breiten Alleestraße 300 m weit, biegen rechts ab auf den Markt und folgen in der linken Ecke am Rathaus geradeaus der Gartenstraße, die am Ortsrand in einen Fuß-/Radweg übergeht. Nach 200 m wenden wir uns auf der Trasse einer stillgelegten Kleinbahn nach links, passieren zunächst Güstelitz, dann Ketelshagen und gelangen in einer leicht hügeligen Landschaft nach Garz. Auf der querlaufenden Ortsdurchfahrt wenden wir uns nach links in Richtung Ortszentrum.

Info

Vermutlich ist **Garz** die älteste städtische Siedlung auf Rügen, denn hier befand sich der Sitz der slawischen Fürsten, die über Rügen herrschten; eine Wallanlage am südwestlichen Ortsrand ist der letzte Überrest aus jener Zeit.

In der Nähe der Wallanlage steht das alte Pfarrhaus, in dem ein **Ernst-Moritz-Arndt-Museum** eingerichtet wurde. Der Poet wandte sich schon zur Zeit Napoleons gegen die deutsche Viel- und Kleinstaaterei und sprach sich für die Einigung Deutschlands in einem Nationalstaat aus.

E. M. Arndts Geburtshaus steht in **Groß Schoritz**, 4 km südlich von Garz gelegen. Es handelt sich um ein Gutshaus aus der Mitte des 18. Jahrhunderts, in dem die E. M. Arndt-Gesellschaft Schautafeln zu Arndts Leben und Werk aufstellte und Ausstellungen bzw. literarisch-musikalische Veranstaltungen durchführt.

Gegenüber der Einmündung der von Putbus herführenden Straße biegen wir rechts ab, folgen der Radmarkierung durch den Ort und passieren sowohl das E. M. Arndt-Museum, als auch die Wallanlage, fahren am Garzer See entlang und kreuzen bei Wendorf die zur Glewitzer Fähre führende Straße. Ein Wirtschaftsweg, anschließend ein Sträßchen führt nach Dumsevitz, knickt rechts um nach Schabernack und mündet bei Silmenitz in eine Landstraße ein. Wir passieren Groß Schoritz, kreuzen die Straße Garz – Glewitzer Fähre und gelangen schließlich über Puddemin und Neparmitz nach Poseritz.

Hinweise:

1) Wer die letzte Etappe der Rügen-Rundtour aufteilt in zwei Tagesetappen und auf dem Campingplatz von Pritzwald zelten möchte, folgt kurz hinter Groß Schoritz der Straße in Richtung Zudar/Glewitzer Fähre nach links und biegt 1 km hinter Zudar links ab.

2) Wer die Rügen-Rundtour mit dem Ostsee-Radfernweg verknüpft und weiterfahren möchte nach Greifswald und Usedom, folgt ebenfalls der Straße nach links zur Glewitzer Fähre. Die Straße über Zudar zur Fährstelle ist eine wunderschöne Allee.

In der Ortsmitte Poseritz wenden wir uns nach links und folgen der Radmarkierung wieder auf der alten Bahntrasse, die in einem weiten Bogen zum Ortsrand von Gustow führt; hier fällt eine ungewöhnlich große Dorfkirche aus der 2. Hälfte des 13. Jahrhunderts auf. Geradeaus führt der Weg weiter und mündet in die Straße Poseritz – Stralsund ein. Geradeaus, nach 1 km links abbiegen zum Ufer des Strelasunds und zum Rügendamm. Wir unterqeren die Bahnlinie, folgen einem Radweg an der Straße in Richtung Bergen und biegen nach wenigen hundert Metern links ab nach Altefähr.

Hinweis: Zur Zeit der Recherchen fanden an der B 96 umfangreiche Bauarbeiten statt. Wahrscheinlich wird sich dadurch die Streckenführung nach Altefähr verändern.

Von Radlern gern genutzt: Die Ruderfähre bei Moritzdorf.

Serviceteil

Nützliche Adressen

a) Tourismusbüros

- Tourismusverband Mecklenburg-Vorpommern, Platz der Freundschaft 1, 18059 Rostock, Tel. 0381/4030500, Fax 4030555, www.auf-nach-mv.de
- Tourist Information, Breite Straße 62, 23552 Lübeck, Tel. 01805/88 22 33, Fax 0451/1 22 19 19, www.luebeck-tourismus.de
- Verband Mecklenburgische Ostseebäder, Uferstr. 2, 18211 Nienhagen, Tel. 038203/77610, Fax 776120, www.mecklenburgische-ostseebaeder.m-vp.de
- Regionaler Fremdenverkehrsverband Vorpommern, Fischstr. 11, 17489 Greifswald, Tel. 03834/8910, Fax 891555, www.vorpommern.de
- Tourismuszentrale Wismar, Am Markt 11, 23966 Wismar, Tel. 03841/19433, Fax 2513091, www.wismar.de
- Tourismusverband Fischland-Darss-Zingst, Barther Str. 31, 18314 Löbnitz, Tel. 038324/6400, Fax 6 40 34, www.fischland-darss-zingst.de
- Tourismuszentrale Rostock-Warnemünde, Neuer Markt 3, 18055 Rostock, Tel. 0381/381 22 22, Fax 3812601, www.rostock.de
- Tourismuszentrale der Hansestadt Stralsund, Alter Markt 9, 18349 Stralsund, Tel. 03831/246949, www.stralsund.de
- Stadtinformation/Fremdenverkehrsverein der Hansestadt Greifswald und Land, Rathaus Am Markt, 17489 Greifswald, Tel. 03834/521380, Fax 521382, www.greifswald.de
- Tourismuszentrale Rügen, Am Markt 4, 18528 Bergen, Tel. 03838/80770, Fax 254440, www.ruegen.de
- Usedom Tourismus, Bäderstr.5, 17459 Ückeritz, Tel. 038375/23410, Fax 23429, www.usedom.de

b) Sonstige Adressen

- Deutsches Jugendherbergswerk, Landesverband Mecklenburg-Vorpommern, Erich-Schlesinger Str. 41, 18059 Rostock, Tel. 0381/76670, Fax 7698682, www.djh-mv.de

- Broschüre zu „Camping auf Rügen“ anfordern unter Tel. 0 38 38/8 07 70, www.ruegen.org/infolisten.de
- Usedomer Bäderbahn, Am Bahnhof 1, 17424 Heringsdorf, Tel. 03 83 78/ 2 71 32, Fax 2 71 14.
- Informationen zum Ostsee-Radfernweg unter www.europaradweg.de

Radverleih und Werkstätten

Entlang der ganzen Ostseeküste gibt es in allen Städten und Seebädern mehrere Möglichkeiten, ein Rad auszuleihen; sei es in Fahrradgeschäften oder bei reinen Verleih-Stationen. Die meisten Radgeschäfte betreiben auch Radwerkstätten, so dass im Fall ernsthafter Probleme zumeist in nicht allzu großer Entfernung geholfen werden kann.

Erlebnistouren

Mecklenburgische
Seenplatte
ISBN 3-89987-200-2

Radwandern

Berliner Radtouren
ISBN 3-89987-401-3

Radwandern

Der Jakobsweg
ISBN 3-89987-983-X

Radwandern

Südtirol
ISBN 3-89987-404-8

Ortsregister